Haben Sie ein zappeliges Kind? Eines, das nie länger bei einer Sache bleiben kann, das sprunghaft reagiert, mit schier unerschöpflicher Energie ständig unterwegs ist, es nie schafft, eine Zeitlang stillzusitzen oder überhaupt zur Ruhe zu kommen? Überaktivität und Aufmerksamkeitsstörungen scheinen zu einer Zeitkrankheit bei Kindern geworden zu sein. Eltern fragen sich, ob ihr Kind tatsächlich verhaltensauffällig ist oder einfach nur sehr lebendig. Dieser sachkundige und umfassende Ratgeber zeigt, woran man die Verhaltensstörung erkennen kann, und nennt mögliche Ursachen, die nicht notwendigerweise in Erziehungsfehlern liegen. Die Autoren geben Anregungen, wie man das Problem innerfamiliär angehen und lösen kann, klären aber auch, wann Hilfe von außen erforderlich und welche Behandlungsmethode im Einzelfall die wirkungsvollste ist. Der umfangreiche Anhang enthält u. a. einen Fragebogen zur Bestimmung von Verhaltensauffälligkeiten des Kindes, Regeln für ein Belohnungssystem und Adressen von Elternselbsthilfegruppen.

Gerhard W. Lauth ist Professor für Psychologie und Psychotherapie an der Universität zu Köln. Er ist Leiter der Abteilung für Klinische Entwicklungspsychologie, in der regelmäßig aufmerksamkeitsgestörte und überaktive Kinder betreut werden.
Peter F. Schlottke lehrt und forscht an den Universitäten Tübingen und Stuttgart. Seine Arbeitsschwerpunkte sind Klinische und Pädagogische Psychologie.
Kerstin Naumann ist wissenschaftliche Mitarbeiterin in der Abteilung für Klinische Entwicklungspsychologie an der Universität zu Köln. Dort betreut sie aufmerksamkeitsgestörte und überaktive Kinder in der Ambulanz.

Gerhard W. Lauth, Peter F. Schlottke,
Kerstin Naumann

Rastlose Kinder, ratlose Eltern

Hilfen bei Überaktivität und
Aufmerksamkeitsstörungen

Deutscher Taschenbuch Verlag

Originalausgabe
November 1998
5. Auflage Januar 2001
© Deutscher Taschenbuch Verlag GmbH & Co. KG, München
www.dtv.de
Umschlagkonzept: Balk & Brumshagen
Umschlagfoto: © PICTOR International
Illustrationen: © Ute Wilkens, Dangast
Satz: KCS GmbH, Buchholz/Hamburg
Gesetzt aus New Times Roman 10/11,5·
Druck und Bindung: C. H. Beck'sche Buchdruckerei, Nördlingen
Gedruckt auf säurefreiem, chlorfrei gebleichtem Papier
Printed in Germany • ISBN 3-423-36122-0

Inhalt

Vorwort

Dieses Buch ist aus der langjährigen Arbeit mit aufmerksamkeitsgestörten Kindern und ihren Eltern entstanden. Es beschäftigt sich mit den Fragen und Problemen, die Eltern haben, etwa: Ist mein Kind tatsächlich aufmerksamkeitsgestört? Wie sind diese Auffälligkeiten zu erklären? Verschwinden die Probleme von alleine, oder sollten wir gezielt etwas tun? Was ist zu tun, wenn ernsthafte Probleme vorliegen? Welche Maßnahmen kann man empfehlen? Wo findet man Hilfe?

Das Buch gibt auf diese Fragen keine rezeptartigen, einfachen Antworten, sondern will Eltern möglichst umfassend nach dem aktuellen Erkenntnisstand informieren. Es geht uns um konkrete Informationen, die man unmittelbar nutzen kann. Die Eltern sollen die Schwierigkeiten aufmerksamkeitsgestörter Kinder verstehen und wissen, wie es dazu kommt. Vor allem aber sollen sie eigene Entscheidungen treffen und die Ratschläge von Lehrern, Ärzten und Psychologen besser beurteilen können. Um das zu erreichen, werden zunächst Informationen über die Diagnose »Aufmerksamkeitsstörung« gegeben – welche Schwierigkeiten für aufmerksamkeitsgestörte Kinder typisch sind, woran man sie erkennt, wie sie entstehen und wie sich aufmerksamkeitsgestörte Kinder weiterentwickeln.

Eltern sollen lernen, ihrem Kind selbst zu helfen, wo es möglich ist, und sie sollten erkennen, wann weitere Hilfen (Therapie, Beratung) notwendig sind und welche Hilfen dann in Frage kommen. Hierzu werden verschiedene Regeln für das Zusammenleben in der Familie besprochen. Andere Hilfen beziehen sich auf eine Therapie mit dem Kind bzw. auf die Verschreibung von Medikamenten. Diese Hilfen orientieren sich an der Erfahrung, daß es bei aufmerksamkeitsgestörten Kindern nicht nur aktuell große Schwierigkeiten im Alltag gibt, sondern daß man sich auch

Sorgen um ihre Zukunft machen muß, denn Probleme in der Schule, beim Lernen, beim Spielen mit Gleichaltrigen blockieren auch die weitere Entwicklung. Angemessene Hilfen sollten also nicht nur die vorhandenen Schwierigkeiten reduzieren, sondern den Kindern neue Entwicklungsmöglichkeiten eröffnen. Sie knüpfen gezielt an den speziellen Fähigkeiten der Kinder an, die mit ihren Ideen und ihrer Spontaneität in ganz besonderer Weise liebenswert sind und viel Charme ausstrahlen.

Die Hilfen sollen aber nicht nur auf das Kind begrenzt bleiben, denn meistens ist die gesamte Familie von den Schwierigkeiten betroffen. Was in anderen Familien ganz nebenbei abläuft, gerät hier zum Problem. Die Stimmung ist oft getrübt. Die Eltern sehen die Schwierigkeiten manchmal ganz unterschiedlich und sind sich auch nicht einig, was zu tun ist. Darunter leiden die Mütter besonders. Sie sind stärker belastet als andere Mütter, ohne immer die richtige Unterstützung zu finden. Es werden Anregungen gegeben, wie man mit dieser Situation besser zurechtkommen kann.

Das Buch ist auch für Lehrerinnen und Lehrer* geschrieben, die hier vor allem Hinweise zur Erklärung der Beeinträchtigung und zur Zusammenarbeit mit den Eltern finden.

In diesem Handbuch werden die wichtigsten Fragen zu Wesen, Entstehung und Behandlung von Aufmerksamkeitsstörungen erörtert. Es informiert umfassend und kann mit seinem übersichtlichen Aufbau sowie dem Verzeichnis der wichtigsten Fachbegriffe auch gut als Nachschlagewerk verwendet werden.

Die Autoren danken Frau Gabriele Ahn und Frau Birgit Krüger-Schöberl, die in ihrer Diplomarbeit erste Annäherungen an die Idee eines Elternratgebers vorgelegt haben. Frau Barbara Högl, der 2. Bundesvorsitzenden des »Arbeitskreises Überaktives Kind« (AÜK), einer engagierten wie umsichtigen und äu-

---

* Da ein Text, in dem jeweils beide Geschlechtsformen berücksichtigt sind, sehr anstrengend zu lesen ist, beschränken wir uns im folgenden der Einfachheit halber auf die männliche Form von Berufsgruppen. Gemeint sind immer auch Psychologinnen, Ärztinnen, Lehrerinnen, Erzieherinnen, Therapeutinnen usw.

ßerst aktiven Elterninitiative, danken wir für die kritische und anregende Durchsicht des Manuskripts mit vielfältigen Vorschlägen. Dank gilt auch Jan-Steffen Schlottke für mühevolle Korrekturen und ideenreiche Grafikentwürfe. Ganz besonders hat uns die sachkundige wie einfühlende und herzliche Unterstützung durch unsere Lektorin, Frau Hannelore Hartmann, gefreut.

Köln, Stuttgart und Tübingen, im August 1998   G. W. Lauth
                                                   P. F. Schlottke
                                                   K. Naumann

Vorwort zur 4. Auflage

Die vielfältige Resonanz auf unser Elternhandbuch, das nun in der 4. Auflage erscheint, hat uns angeregt, das Buch fortlaufend zu aktualisieren. Wir danken hier insbesondere allen Lesern, die uns auf notwendige Korrekturen und Ergänzungen hingewiesen und uns ermutigt haben, Eltern bei ihrer kritischen Rezeption der »auf dem Markt« befindlichen Behandlungsangebote zu unterstützen.
Nun haben vor kurzem auch die Fachverbände für Kinder- und Jugendpsychiatrie und Psychotherapie in Deutschland eine gemeinsame Stellungnahme veröffentlicht, die durch offenkundig unsachgemäße medikamentöse Behandlung der überaktiven Kinder veranlaßt war und die zum Ziel hat, zu einer fachgerechten Diagnostik und Behandlung beizutragen (vgl. auch S. 145 in diesem Buch). Diese Empfehlungen bekräftigen auch unsere Bemühungen, die Selbstmanagement-Kompetenzen von Kindern und Eltern zu stärken und ihre Fertigkeiten zu fördern, die in der Therapie angebahnten Veränderungen auf Alltagsbedingungen zu übertragen.

Köln, Stuttgart und Tübingen, im Februar 2000   G. W. Lauth
                                                    P. F. Schlottke
                                                    K. Naumann

1 Was ist aufmerksamkeitsgestört?

Was ist eine Aufmerksamkeitsstörung? Woran erkennt man sie? Wie verhalten sich aufmerksamkeitsgestörte Kinder? Unterscheiden sie sich wirklich von anderen Kindern? Wenn ja, worin? Mit »aufmerksamkeitsgestört/überaktiv« bezeichnet man das Verhalten von Kindern, die deutlich ablenkbarer, unbedachter, voreiliger und unruhiger sind als andere Kinder. Es ist eine Störung, die besonders bei Vorschulkindern und Kindern im Grundschulalter auffällt, sich tatsächlich aber schon viel früher entwickelt. Wir wollen Sie in einem ersten Überblick damit vertraut machen, wie sich diese Probleme äußern und wie Fachbegriffe zu verstehen und einzuordnen sind, die in diesem Zusammenhang häufig genannt werden.

Aufmerksamkeitsgestörten Kindern fällt es schwer, sich ruhig, ausdauernd und gelassen mit einer Sache zu beschäftigen. Sei es in der Schule, beim Hausaufgabenmachen oder beim Spielen: Immer wieder fällt das Kind durch seine Ablenkbarkeit, Sprunghaftigkeit und Unbedachtheit auf. Wenn es sich eben noch mit seinen Lego-Bausteinen beschäftigt hat, so rast es gleich zum Telefon, sobald es klingelt, hat dann aber keine Lust auf das Gespräch mit der Oma, sondern ist schnell wieder auf dem Weg in die Küche, weil es Durst hat, verschüttet in seiner Hast den Saft auf dem Küchenboden und stört gleich darauf die Mutter beim Telefonieren.

Die Kinder sind oft mit einer schier unerschöpflichen Energie unterwegs, nichts scheint sie zu ermüden, und kein Hindernis ist ihnen zu groß, als daß sie nicht darauf oder darunter oder darüber klettern. Sie schaffen es einfach nicht, sich für eine längere Zeit Ruhe zu gönnen und eine Zeitlang stillzusitzen.

Beim Spielen mit Geschwistern und Gleichaltrigen gibt es oft Streit, weil sich aufmerksamkeitsgestörte Kinder nicht an die

13

Regeln halten. Sie sind ungeduldig und wollen nicht warten, bis sie an der Reihe sind, sondern ihre Bedürfnisse sofort befriedigt haben. Dies führt dazu, daß das Kind selten Freunde findet; es ist in Spielgruppen nicht gerne gesehen, und Lehrer oder Erzieher beklagen sich über sein Verhalten. Gar nicht so selten wird das Kind aggressiv und unleidlich. In der Schule kommt es zu Klagen darüber, daß es so ablenkbar und unkonzentriert ist. Es ruft dazwischen, überlegt selten, was angesagt ist, und macht aus Unbedachtheit viele Fehler. Oft steht es auch um das Lernen schlecht: Die Schrift ist fahrig und ungenau, die Heftführung unsauber, beim Rechnen kommt es zu Flüchtigkeitsfehlern, und auch das Lesen ist meist nicht seine Sache. All das liegt nicht daran, daß das Kind nicht mitkommen kann; es bringt einfach nicht die gleiche Konzentration und Ausdauer wie die anderen Kinder auf. Klar, daß es dann auch wenig Lust auf Schule und Lernen hat.

In all diesen Situationen zeigt sich ein ähnliches Problem: Das Kind geht fast alles ziemlich unbedacht und voreilig an. Es richtet seine Aufmerksamkeit auf andere Dinge als die anderen Kinder. Das Neue fesselt sein Interesse sofort; bei einer Sache zu bleiben, findet es langweilig, abzuwarten weckt seine Ungeduld, innezuhalten und nachzudenken erscheinen ihm unnötig, die Aufforderung stillzusitzen führt bereits nach kurzer Zeit zu Zappeligkeit. Hinter den verschiedenen Problemen, die Eltern, Geschwister, Gleichaltrige, Erzieher und Lehrer beklagen, steckt immer die gleiche Schwierigkeit: Das Kind kann nicht gelassen sein, kann sich nicht auf eine Aufgabe besinnen, kann seine Energie nicht bündeln und kann nicht mit der nötigen Ausdauer bei einer Sache bleiben. Diese vielfältigen Einschränkungen werden als »Aufmerksamkeitsstörung mit und ohne Hyperaktivität« zusammengefaßt.

Aufmerksamkeitsstörung mit und ohne Hyperaktivität (Attention Deficit and Hyperactivity Disorder – ADHD)

Aufmerksamkeitsstörung mit und ohne Hyperaktivität? Was ist damit gemeint? Dieser Begriff ist vergleichsweise neu. Er wird heute anstelle älterer Bezeichnungen wie »Hyperkinese«, »minimale Gehirnschädigung«, »Hyperkinetisches Syndrom«, »minimale cerebrale Dysfunktion«, »Wahrnehmungsstörung« gebraucht, weil sich diese älteren Begriffe als unzureichend erwiesen hatten. Sie betonten entweder einzelne Aspekte der Störung zu sehr (etwa Hyperkinese) oder unterstellten Ursachen, die man in der Forschung so nicht bestätigen konnte (etwa minimale Gehirnschädigungen, Wahrnehmungsstörung). Mit der neuen Bezeichnung soll hervorgehoben werden, daß es diesen Kindern schwerfällt, ausdauernd zu sein und sich auf eine Sache zu konzentrieren, und daß die Störung sowohl mit als auch ohne Bewegungsunruhe auftreten kann.

Gerade dies aber war lange Zeit recht unklar, und man rätselte über die entscheidenden Merkmale der Störung und über mögliche Ursachen. Das fing bereits damit an, daß man darüber stritt, was die Hauptsache an der Störung ist. Ist es das unruhige Verhalten der Kinder, ihre mangelnde Ausdauer, ihre »Unwilligkeit«, sich mit »fein gestrickten« Dingen zu beschäftigen, oder ihre übergroße Ablenkbarkeit? Je nachdem, welche Verhaltensweisen bzw. welche Vermutungen über mögliche Ursachen in den Vordergrund gestellt wurden, wurde die Störung »Hyperaktivität« (Bewegungsunruhe), »Aufmerksamkeitsbeeinträchtigung«, »Wahrnehmungsstörung« oder »cerebrale Dysfunktion« genannt.

15

Wir verwenden in diesem Buch der Klarheit halber nur den Begriff »aufmerksamkeitsgestört« bzw. »aufmerksamkeitsgestört/überaktiv«.

Eine solche Störung kann oft schon früh (im Kleinkindalter, im Kindergarten) festgestellt werden, wenn das Kind unruhig ist, schlecht ein- und durchschläft oder wenn es sich im Kindergarten ablenkbar und irritierbar zeigt. Manche Kinder sind sogar schon als Säuglinge mit ausgeprägtem Schreien und beeinträchtigtem Schlaf-/Wachrhythmus auffällig. Häufig nimmt man diese Schwierigkeiten dann noch nicht so ernst.

2 Das Erscheinungsbild der Aufmerksamkeitsstörung

In diesem Abschnitt geht es um das Erscheinungsbild der Aufmerksamkeitsstörung, also um das, was man als »typisch aufmerksamkeitsgestört« beim Kind sehen und erleben kann – zu Hause, in der Schule und beim Spielen mit anderen Kindern. Wir stellen Ihnen hier das Beispiel eines Jungen vor. Wenn Sie selbst ein Kind mit Aufmerksamkeitsproblemen haben, kommt Ihnen vermutlich vieles sehr bekannt vor. Grundmerkmale einer Aufmerksamkeitsstörung sind: Die Aufmerksamkeitsschwäche, die Impulsivität und die motorische Unruhe (Überaktivität). Daneben gibt es oft Probleme mit Gleichaltrigen, Schwierigkeiten in der Schule und Probleme, elterlichen Anweisungen zu folgen.

Typisch aufmerksamkeitsgestört: Die Grundmerkmale

Woran erkennt man eine Aufmerksamkeitsstörung? Zunächst daran, wie sich ein Kind verhält, was es in bestimmten Situationen tut, was ihm gut und – dies vor allem – was ihm weniger gut gelingt. Diese Verhaltensweisen hat man zu »typischen Merkmalen« zusammengefaßt. Geradezu typisch für aufmerksamkeitsgestörte Kinder ist das Verhalten von Nicolas.

Zum Beispiel Nicolas

Nicolas ist 7 Jahre alt. Er redet während des Unterrichtes ständig dazwischen, platzt mit seiner Antwort heraus, wenn ein ande-

17

*res Kind an der Reihe ist, zappelt ständig herum, wippt auf sei-
nem Stuhl, bis er umkippt (zum großen Vergnügen seiner Mitschüler), oder er sitzt einfach nur da und schaut träumerisch zum
Fenster hinaus. Es kann auch sein, daß er plötzlich aufsteht und
in der Klasse herumrennt. Wenn ihn die Lehrerin ermahnt, gibt
er patzige Antworten oder ignoriert ihre Aufforderungen.*

*Auch zu Hause gibt es Probleme. Besondere »Nervenkriege«
sind die Hausaufgaben. Er ist nur mit Mühe dazu zu bringen, daß
er überhaupt damit anfängt. Seine Bereitschaft, sich anzustren-
gen, ist aber schon bei der ersten Hürde am Ende, und er bemüht
sich nicht einmal, die gestellte Aufgabe richtig zu verstehen.
Wenn die Mutter ihm helfen will, wird er wütend, und über kurz
oder lang wirft er den Bleistift oder das Heft auf den Boden. Nur
mit Androhung von Strafen bringt sie ihn wieder dazu, es wenigstens noch einmal zu probieren.*

*Nicolas hat wenig Freunde. Er lernt zwar immer wieder Kin-
der kennen, aber es geht beim gemeinsamen Spielen nie lange
gut. Schnell kommt es zum Streit, z. B. wegen der Spielregeln. Die
anderen Kinder meiden ihn deshalb. Sie sagen, daß Nicolas so
viel »Mist baut« und man nicht gut mit ihm zurechtkommt. Mittlerweile hat sich Nicolas mit jüngeren Kindern aus der Nachbar-
schaft zusammengetan. Er führt hier das große Wort und
bestimmt, wo es langgeht. Zwar kommt es auch mit diesen Kindern öfter zu Streitereien, Nicolas ist ihnen aber körperlich überlegen und kann sich deshalb immer wieder durchsetzen. Den
Eltern von Nicolas ist dieser Umgang nicht recht. Sie denken,
daß diese Freundschaften einfach nicht angemessen sind.*

*Nicolas hatte bereits im Kindergarten große Probleme. Er
konnte schon damals nicht gut zusammen mit anderen Kindern
spielen. Schon nach kurzer Zeit fing er an, ihre Bauten zu zerstö-
ren, schüttete Sand über andere Kinder oder schlug einfach zu,
wenn er von einem anderen Kind etwas haben wollte. Bei Kreis-
spielen oder beim Basteln wollte er überhaupt nicht mitmachen,
und nicht einmal beim Geschichtenvorlesen blieb er ein paar
Minuten ruhig sitzen.*

Am Beispiel von Nicolas lassen sich die typischen Merkmale aufmerksamkeitsgestörter Kinder recht gut erkennen. Es sind Verhaltensweisen, die einerseits auf eine Aufmerksamkeitsschwäche und andererseits auf eine übergroße motorische Unruhe hinweisen.

Die Aufmerksamkeitsschwäche – »ablenkbar und nicht bei der Sache«

Aufmerksamkeitsgestörten Kindern fällt es äußerst schwer, sich über längere Zeit bestimmten Aufgaben zuzuwenden. Statt dessen wechseln sie häufig zu neuen Aktivitäten, bringen selten etwas zu Ende, machen viele Flüchtigkeitsfehler, erscheinen oft geistesabwesend. Diese mangelnde Fähigkeit, bei einer Sache zu bleiben, wird in der Regel erstmals im Kindergartenalter, spätestens aber im Schulalter deutlich: Erst dann werden konkrete Anforderungen an die Aufmerksamkeit der Kinder gestellt, und man erwartet erst dann längere Aufmerksamkeitsspannen von ihnen.

Impulsivität und Überaktivität – »aufgedreht und kopflos drauflos!«

Was bei den Kindern meist als erstes auffällt, ist ihr unruhiges, zappeliges, rastloses (überaktives) Verhalten. Die Kinder springen herum, winden sich auf ihrem Platz, trommeln auf den Tisch, scharren mit den Füßen, schaukeln mit dem Oberkörper und scheinen eigentlich nie richtig zur Ruhe zu kommen. Sie sind einfach »aufgedrehter« als andere Kinder. Das fällt besonders dann auf, wenn eigentlich ruhigeres Verhalten gefordert ist, beim Essen, Hausaufgabenmachen, im Unterricht. Diesen starken Bewegungsdrang kann man bei vielen – längst aber nicht allen – aufmerksamkeitsgestörten Kindern beobachten. Ein Fünftel dieser Kinder fällt nicht durch übermäßigen Bewegungsdrang auf, sondern ist eher scheu, ängstlich und in sich gekehrt. Diese Kinder lassen sich zwar auch leicht ablenken, fallen aber mehr durch Träumen und Trödeln als durch übermäßige Unruhe auf.

»Impulsiv« bedeutet, daß man nicht – oder nur ganz flüchtig – nachdenkt, bevor man etwas tut. Weder darüber, was eigentlich zu tun ist, noch, wie man es tut oder welche Folgen es haben könnte. Genauso verhalten sich aufmerksamkeitsgestörte Kinder. Sie denken im Unterricht nicht lange nach, sondern rufen einfach eine Antwort in die Klasse. Sie machen viele Flüchtigkeitsfehler, weil sie einfach drauflos arbeiten. Sie schauen sich ihre Rechenaufgabe nicht lange an, sondern schreiben eilig ein (falsches) Ergebnis nieder.

Diese Unbedachtheit kann man auch im Sport oder auf dem Pausenhof erleben. Aufmerksamkeitsgestörte Kinder scheinen keine Furcht zu kennen, klettern auf Bäume und über Zäune, jagen kopflos einem Ball hinterher, schauen sich im Straßenverkehr nicht um, ob vielleicht ein Auto kommt. Beim Spielen übersehen sie ein Hindernis und fallen unglücklich hin, gefährden andere Kinder, weil sie unglücklich zuschlagen oder mit gefährlichen Materialien (Stöcke, Steine, Feuer) hantieren. Beim Essen verbrennen sie sich den Mund, weil sie einfach nicht daran gedacht haben, daß die Suppe noch heiß sein könnte. So erleben sie verständlicherweise viele Mißerfolge.

Die Kinder machen dies nicht absichtlich. Sie können nicht überlegter handeln! Ideen, die ihnen durch den Kopf gehen, wollen sie auch gleich ausführen. Eifer und Ungeduld verselbständigen sich, und die Kinder scheinen einfach keine Zeit zum Überlegen zu haben.

Unbedachtes, selbstgefährdendes Verhalten

Frau M. berichtet, daß sie bei ihrem – jetzt 13jährigen – Sohn ständig in Sorge um dessen Gesundheit und Wohlbefinden sei. Aufgrund seiner Impulsivität und Unbedachtheit komme es immer wieder zu Unfällen und Verletzungen.

Sie erzählt, daß sie ihren Sohn bis zu seinem neunten Lebensjahr täglich zur Schule begleitet habe. Der Schulweg schien ihr viel zu gefährlich für ihn zu sein, denn sie hatte die Erfahrung gemacht, daß er sich kaum an Verkehrsregeln hielt, sondern unbedacht auf die Straße stürmte und dadurch Unfälle riskierte.

Beim Spielen ließ er sich immer auf gefährliche Abenteuer (mit Chemikalien hantieren, Höhlen graben) und unbedachte Klettereien ein. Einmal, so erzählt sie, sei er beim Spielen in einem Neubau so weit in das Dach hinaufgeklettert, daß er mit der Leiter wieder heruntergeholt werden mußte. Auch später trug er immer wieder blaue Flecken und Verletzungen davon; häufig waren Arztbesuche notwendig, und es kam zu Versäumnissen im Unterricht. Frau M. sagt, daß sie kaum ein Kinderfoto besitzt, auf dem er ohne eine Verletzung zu sehen ist.

Anhand dieser zwei Grundsymptome Impulsivität und Überaktivität ist leicht nachvollziehbar, welche Probleme die Kinder und ihre Eltern haben. Die Kinder verhalten sich einfach nicht so, wie man es erwartet. Sie scheinen nur wenig aus ihren Erfahrungen zu lernen und sind oft kaum erreichbar. Sie haben große Schwierigkeiten, sich in Gruppen einzufügen, und fallen bei vielen Gelegenheiten unliebsam auf. Ferner fällt es ihnen schwer, sich an Anweisungen zu halten und Regeln zu befolgen, was den Eltern die Erziehung sehr schwer macht und oft genug die Harmonie in der Familie bedroht.

Aufmerksamkeitsstörungen in bestimmten Situationen

Man kann allerdings nicht behaupten, daß aufmerksamkeitsgestörte Kinder überhaupt nicht aufmerksam sein können. Jedoch können sie dann, wenn es darauf ankommt (z. B. in der Schule, bei den Hausaufgaben, beim Essen, bei Familienbesuchen) weniger lange bei einer Sache bleiben. Für sie ist also eine *an ihrem Alter gemessen* zu geringe Aufmerksamkeitsleistung typisch. Dieser »Rückstand« gegenüber anderen Kindern ist besonders dann zu sehen, wenn

- die Kinder nicht nach eigenen, sondern nach fremden Regeln spielen sollen,
- eine Aufgabe für das Kind nicht mehr neu und interessant ist,
- die Aufmerksamkeit länger beansprucht wird, wobei sich das Kind selbst steuern muß (ihm also nicht ganz genau von einem Erwachsenen vorgegeben wird, was es machen soll).

Aufmerksamkeitsgestörte Kinder sind also nicht durchgängig in ihrer Aufmerksamkeit beeinträchtigt. Bei neuen, sehr interessanten und rasch wechselnden Angeboten (z. B. Fernsehen, Videospiel, spannende Geschichte) gibt es deshalb kaum Probleme. Das liegt daran, daß sie sich dann nicht länger mit einer mäßig spannenden Sache auseinandersetzen müssen, sondern wechselnde Inhalte erleben oder fortlaufend von einem Erwachsenen (Eltern oder Lehrer) angeleitet, kontrolliert und motiviert werden.

Was ist unter Aufmerksamkeit zu verstehen?

Für vieles, was wir im alltäglichen Leben tun, ist Aufmerksamkeit notwendig, also eine gewisse Form von Wachheit und die Fähigkeit, länger bei einer Sache zu bleiben sowie störende Dinge außer acht zu lassen. Aufmerksamkeit hat sehr viel mit Interesse und dem eigenen Können zu tun.

Um aufmerksam sein zu können, arbeiten verschiedene Teile im Gehirn zusammen. Es sind vor allem die Bereiche, die für Planungen, für Überprüfungen und für »Energiezufuhr« sowie für das Abrufen von Wissen und Vorerfahrungen zuständig sind. Im Grunde genommen geht es bei der Aufmerksamkeit darum, daß man sich nur einer Sache zuwendet, anderes aber außer Betracht läßt. Aufmerksamkeit ist also eine Art von Selbstbeschränkung und Konzentration auf Inhalte, die »angesagt« sind. Einige Forscher meinen, daß Aufmerksamkeit erst deshalb im Laufe der Menschheitsentwicklung notwendig wurde, weil wir im Prinzip zwar ganz verschiedene Tätigkeiten ausführen könnten, uns aber für *eine* entscheiden müssen.

Früher glaubte man, daß Aufmerksamkeit eine Art »Speicher im Gehirn« sei. Mittlerweile ist aber erwiesen, daß man Aufmerksamkeit beim konkreten Tun herstellt. Notwendig dafür ist,

- ein Ziel zu bestimmen und es im Auge zu behalten,
- andere Dinge (etwa störende Reize) »außen vor« zu lassen,
- geistig wach zu sein,
- zu überwachen, was man tut, und es gegebenenfalls zu korrigieren,
- seine Vorerfahrungen einzusetzen und vorzuplanen, vorauszudenken,
- seine Fähigkeiten (etwa genau zuhören, genau hinschauen) einzusetzen.

Aufmerksamkeit hat sehr viel mit Selbstdisziplin und dem Erwerb bestimmter Fertigkeiten zu tun. Wir lernen im Verlauf unserer Entwicklung, aufmerksam zu sein.

Aufmerksamkeit ist nicht dasselbe wie Konzentration. Mit Konzentration bezeichnet man eine gewollte Einengung des Bewußtseins, so daß man ablenkende Dinge (Gespräche anderer, Musik im Hintergrund) außer acht lassen kann. Konzentration ist ein wichtiger Teil der Aufmerksamkeit. »Aufmerksam sein« ist aber wesentlich weiter gefaßt.

Viele Eltern und Lehrer ziehen aber daraus den Schluß: »Das Kind kann schon, wenn es nur will.« Sie haben ja schließlich selbst gesehen, wie es sich fast eine Stunde lang ruhig und konzentriert mit seinen (neuen!) Legos oder dem Computerspiel beschäftigt hat. Dauert etwas (z. B. essen, am Tisch sitzen bleiben, sich im Restaurant richtig benehmen, Hausaufgaben machen) aber längere Zeit, dann verschlechtert sich die Ausdauer rapide. Die Kinder werden unruhig, unaufmerksam und impulsiv. Das liegt daran, daß eine Situation, ein Gegenstand oder eine Tätigkeit für sie sehr schnell an Reiz verliert. Für sie werden die Dinge viel schneller uninteressant als für andere Kinder. Sie können ihr Verhalten dann nicht mehr kontrollieren.

Besonders auffällig werden die Kinder in solchen Situationen, die ihnen sehr viel Selbstdisziplin abverlangen und bestimmte Anforderungen stellen. Dies sind vor allem:

- der Schulunterricht
- die Hausaufgaben
- ein Essen im Restaurant oder bei Familienfesten daheim
- ein Kindergeburtstag
- Gruppenspiele
- Arztbesuche
- Familienbesuche

All diesen Situationen ist gemeinsam, daß sie die Einhaltung bestimmter Regeln, längerfristige Aufmerksamkeit und die Unterdrückung verschiedenster Handlungsimpulse verlangen (z. B. den Impuls, aufzustehen und herumzurennen, statt ruhig beim Essen sitzen zu bleiben; sich mit einem interessanten Spiel zu beschäftigen oder fernzusehen, statt Hausaufgaben zu machen, Späßchen zu machen oder mit dem Banknachbarn zu reden, anstatt dem Unterricht zu folgen, etc.).

Nebenbei gesagt: Eigentlich geht es doch jedem so, daß man bei uninteressanten, langweiligen Aufgaben lieber etwas anderes tun und sich Neuem, Interessanterem zuwenden möchte. Doch

24

wir lernen nach und nach soviel Selbstdisziplin, daß wir es dann meistens schaffen, Kräfte zu mobilisieren und der Sache, um die es geht, noch etwas abzugewinnen. Die meisten Kinder lernen dies von ganz allein. Das aufmerksamkeitsgestörte Kind kann das aber nicht. Warum das so ist, wird im folgenden Kapitel »Wie häufig kommen Aufmerksamkeitsstörungen vor?« näher erklärt.

Die Alltäglichkeit der Beeinträchtigung

Typisch für aufmerksamkeitsgestörte Kinder ist also, daß sie unaufmerksamer, unruhiger und voreiliger als andere Kinder sind. Aber wo ist da die Grenze zu ziehen? Ab welchem Ausmaß sind Unaufmerksamkeit, Unruhe und Voreiligkeit bedenklich?

Wenn man das Verhalten von Kindern beurteilt, hängt viel vom Maßstab ab, den man anlegt. Weil es um Kinder, also um junge Menschen in der Entwicklung, geht, darf man nicht voreilig von einer Aufmerksamkeitsstörung sprechen. International haben sich deshalb Forscher und Praktiker darauf verständigt, daß man erst dann von einer bedenklichen Aufmerksamkeitsschwäche, Impulsivität und Unruhe sprechen darf, wenn das Kind dadurch in seinem täglichen Verhalten beeinträchtigt wird. Erinnern Sie sich bitte an Nicolas. Sein Verhalten führt sowohl zu Schwierigkeiten in der Schule, zu Hause als auch beim Spiel mit Gleichaltrigen. Es ist nicht so, daß er lediglich weniger aufmerksam, weniger ruhig oder weniger überlegt reagiert als andere Kinder. Vielmehr kommt es zu handfesten Problemen, und seine Eltern machen sich berechtigte Sorgen um ihn. Erst wenn solche ernstzunehmenden Schwierigkeiten im Alltag des Kindes auftreten, darf man annehmen, daß eine Aufmerksamkeitsstörung besteht. Wir gehen später noch genauer auf die Bestimmungsmerkmale ein (im Abschnitt »Achtung! Nicht alle Schwierigkeiten sind Aufmerksamkeitsstörungen«).

Die weiteren Folgen

In der Regel bleibt es nicht bei den oben beschriebenen Schwierigkeiten. Vielmehr stellen sich weitere Komplikationen (u. a. Aggressivität, niedriges Selbstwertgefühl, Lernstörungen) ein. Diese Komplikationen sind teilweise die unmittelbare Folge von Aufmerksamkeitsschwäche, Impulsivität und Unruhe, resultieren aber auch daraus, daß das Kind »aneckt«, wenig Anerkennung findet und selten positive Zuwendung bekommt.

Mit diesen Folgen (sekundären Merkmalen) werden Aufmerksamkeitsstörungen zunehmend komplizierter: Über die ursprünglichen zwei Grundsymptome hinaus sind Kind und Familie mit einer Vielfalt weiterer Probleme konfrontiert. Insofern ist es berechtigt, daß sich Eltern, Verwandte und Lehrer um die weitere Entwicklung des Kindes sorgen.

Das Problem aus der Sicht des Kindes

Daniel, 11 Jahre, berichtet in einem längeren Gespräch mit der Therapeutin, wie er die Aufmerksamkeitsstörung erlebt.

»Was ist schwierig für dich?«
»In der Schule rufen mir die anderen Dummi hinterher, schon wenn ich aus dem Bus steige. Die sind so gemein ... Daß ich viele Fehler mache, zum Beispiel im Diktat, da bin ich wohl der Schlechteste. Ich weiß gar nicht, wie das kommt. Wenn ich zu Hause übe, kann ich die meisten Wörter. Herr P. (der Klassenlehrer) hat gesagt, ich mache zu viel Theater in den Stunden. Er glaubt, ich könnte in allen Fächern viel besser sein, wenn ich mehr achtgeben und nicht so viel rumlaufen und stören würde.«

»Wie denkst du darüber?«
»Ich störe die doch gar nicht. Ich gehe nur meinen Bleier anspitzen, oder ich will mir etwas ausleihen. Dann heißt es gleich,

Daniel nimmt meine Sachen weg! Die sind so empfindlich. Aber wenn mir der Matthias nicht antwortet, wenn ich ihn etwas frage, muß ich ihn doch erst mal anstoßen, damit er wach wird! Dann muß ich manchmal vor die Tür geh'n oder wieder was extra schreiben. Vorige Woche hat mich Herr P. allein in die erste Reihe gesetzt. Da lachen alle drüber. Und in der Sport-AG lassen sie mich beim Fußball nicht mitspielen. Manchmal hab' ich gar keine Lust mehr, in die Schule zu gehen.«

»Gibt es Kinder, mit denen du gut klarkommst?«
»In der Pause sind da noch die Kleinen aus der Dritten, die kenn' ich noch aus dem Schulkindergarten. Die machen immer mit, wenn ich eine Idee hab'. Mit denen kann man gut spielen. Die sind auch zu meinem Geburtstag gekommen – aber keiner aus meiner Klasse! Und die helfen mir auch, die Streber zu verprügeln.«

Lernstörungen

Etwa 60 Prozent der aufmerksamkeitsgestörten Kinder haben größere Lernschwierigkeiten. Dies liegt daran, daß zum Lernen eine Mindestaufmerksamkeitsspanne notwendig ist und das voreilige, unruhige Verhalten das Kind einfach daran hindert, in der Schule genug mitzubekommen. Daneben gibt es oft auch Probleme mit den Lehrern, die dem Kind den Spaß an der Schule und dem Lernen nehmen (siehe »Das Problem aus der Sicht des Kindes«). Im allgemeinen haben die Kinder in allen Fächern ihre Schwierigkeiten.

Teilweise treten aber auch vereinzelte Lernstörungen wie z. B. eine Lese-Rechtschreibschwäche oder eine Rechenschwäche auf. Das sind Beeinträchtigungen, die nur in bestimmten Fächern (Rechnen, Schreiben und/oder Lesen) beobachtet werden. Sie sind keine unmittelbare Folge der Aufmerksamkeitsstörung – sondern fallen einfach nur zeitlich mit der Aufmerksamkeitsstörung zusammen.

Manche Kinder mit Aufmerksamkeitsstörungen sind in der Schule trotzdem ausgesprochen gut. Eltern und Lehrer wundern sich dann oft, wieviel diese Kinder doch mitbekommen. Häufig hat man den Eindruck, daß diese Kinder unterfordert sind. Bei der diagnostischen Überprüfung muß deshalb besonders sorgfältig darauf geachtet werden, ob überhaupt eine Aufmerksamkeitsstörung gegeben ist oder ob (gerade wenn es zu Hause keine Probleme gibt) nicht sogar eine Hoch- oder Sonderbegabung besteht.

Leistungs- und Verhaltensbeurteilung durch die Grundschullehrerin Frau S.-H.

Lesen: ausreichend bis mangelhaft
Markus kennt die Buchstaben und kann einzelne Wörter und kleine Sätze lesen. Bei etwas längeren Texten ist er aber stets zerstreut, er verhaspelt sich, unterbricht sich, sieht zu anderen hin, verliert die Zeile und weiß schließlich gar nicht mehr, was er gelesen hat.

Rechtschreiben: ausreichend
Auch bei bereits bekannten Texten macht Markus viele Flüchtigkeitsfehler. Er schreibt dasselbe Wort oft mehrmals nacheinander hin, aber immer in einer anderen Schreibweise. Beim Schreiben vergißt er einzelne Buchstaben, unterbricht seine Arbeit wiederholt und muß meistens zum Weitermachen ermuntert werden.

Aufsatz: befriedigend
Bei besserer Konzentration, gezielterem Arbeiten und einem größeren Interesse würde Markus auch bessere Leistungen erreichen. Markus kann phantasievolle Geschichten erzählen, beim Schreiben verliert er aber rasch die Lust, bricht dann ab und verliert den roten Faden.

Mathematik: noch ausreichend
*Markus beherrscht die Rechenregeln. Dennoch macht er viele
Fehler, weil er sich die Aufgabe nicht genau anschaut und sie oft
auch nicht zu Ende bringt. Bei Textaufgaben versteht er häufiger
nicht, worum es geht. Manchmal liest er sie auch gar nicht vollständig. Wenn Markus dagegen nur kleine und überschaubare
Aufgaben gestellt werden, ist das Ergebnis deutlich besser.*

Schrift: mangelhaft
*Das Schriftbild ist unausgewogen, unordentlich und recht unsau-
ber, teilweise sogar kaum leserlich.*

Verhalten:
*Markus stört oft den Unterricht und seine Mitschüler. Besonders
negativ fällt er im Mündlichen auf, wo er sich durch unkontrol-
lierte Bemerkungen, Zwischenrufe und Witze in den Mittelpunkt
zu stellen versucht. Markus beklagt sich aber auch oft über
andere Schüler. Während er anfangs mit seinem Störverhalten
noch Anerkennung fand, wird er jetzt von den anderen Kindern
gemieden, oder sie begegnen ihm mit Unverständnis und Ablehnung. Markus wird deshalb gegenüber den anderen Kindern des
öfteren aggressiv. Er gebraucht unflätige Schimpfwörter.*

*Markus arbeitet sehr unselbständig. Er braucht ständig
jemanden, der hinter ihm steht. Alleine bringt er seine Aufgaben
selten zu Ende. Die Hausaufgaben vergißt er oft oder erledigt sie
nur unvollständig. Markus' Leistungen könnten in jedem Fach
besser ausfallen, wenn er lernen würde, sich auf seine Arbeit zu
konzentrieren und Pflichten wahrzunehmen. Statt dessen versucht er nur, durch übertrieben negatives Verhalten aufzufallen.*

*Er sträubt sich gegen Anforderungen und Pflichten. Zwar sieht
er bei Gesprächen ein, daß er an seinem Verhalten etwas ändern
muß, kann dies aber vor lauter innerer Unruhe nicht einhalten.*

Soziale Schwierigkeiten und Aggressivität

Besonders dramatisch sind die Folgen im sozialen Bereich. Aufmerksamkeitsgestörte Kinder kommen mit ihrem Verhalten bei anderen nicht gut an: Sie rasten oft regelrecht aus, steigern sich in richtige Wutanfälle hinein, schreien, kreischen, werfen sich auf den Boden und trampeln oder trommeln auf den Boden. Auch beim Spielen kommt es zu Schwierigkeiten, weil das aufmerksamkeitsgestörte Kind häufig unbeherrscht reagiert, andere stört und sich selten an die Spielregeln hält. Oft ist es gleich so wild, daß die anderen Kinder sich gestört fühlen und den Spaß am gemeinsamen Spiel verlieren. So gilt es rasch als Störenfried und wird sehr oft ausgeschlossen. Diese Kinder machen die Erfahrung, daß sie unerwünscht sind und mehr und mehr isoliert werden.

Aufmerksamkeitsgestörte Kinder haben jedoch eine feine Antenne. Sie nehmen recht genau wahr, wie sie von ihrer Umwelt abgelehnt werden, und leiden darunter. Weil sie oft auf Unverständnis treffen und häufig auch hart bestraft werden, ist es nur verständlich, daß sie allmählich selbst aggressiv werden. Sie hänseln dann andere, gebrauchen häßliche Schimpfwörter, sind in Streitereien verwickelt. Mit der Zeit stellen sich dann auch gezielte Aggressionen ein (etwa andere einschüchtern), weil das Kind gelernt hat, daß man sich damit Achtung verschaffen und seine Wünsche besser durchsetzen kann. Außerdem kann es damit Spannung und Angst abbauen, bei anderen Kindern Eindruck schinden (was es so bitter nötig hat) und ohne Umwege erreichen, was es möchte. Weil dieses Verhaltensmuster – zumindest kurzfristig – häufig »erfolgreich« ist, besteht die Gefahr, daß das Kind seine Aggressionen immer öfter einsetzt und sich in schwierigen Situationen immer mehr darauf »verläßt«.

Eine andere Form sozialer Schwierigkeiten kann darin bestehen, daß sich das Kind eingeschüchtert zurückzieht, soziale Kontakte künftig meidet und sich gar nicht mehr zutraut, Freunde zu finden oder zu seinen Wünschen und Bedürfnissen zu stehen.

Dazu neigen besonders Kinder, die nicht überaktiv sind, sondern durch ihre Verträumtheit und ihr Trödeln auffallen. Offensichtlich fliehen sie vor der rauhen Realität in Träumereien und Selbstvergessenheit.

Stimmungsschwankungen und Ängste

Himmelhoch jauchzend – zu Tode betrübt. Für kaum ein Kind ist dieser Satz so zutreffend wie für ein aufmerksamkeitsgestörtes Kind. Seine Stimmungsschwankungen treten zumeist plötzlich und anscheinend ohne Grund auf. Häufig gibt es also keinen erkennbaren Anlaß, der den unsagbaren Ärger, die heiße Wut, abgrundtiefe Traurigkeit oder absolute Unzufriedenheit erklären könnte.

Die Tatsache, daß aufmerksamkeitsgestörte Kinder so oft von großen Stimmungsschwankungen betroffen sind, ist vor allem auf ihr wenig gefestigtes und meist negatives Selbstbild zurückzuführen. Schon geringfügige Anlässe bringen das Kind aus dem Gleichgewicht und führen zu überschießenden – zumeist negativen – Reaktionen: zu Wutanfällen, Trotzreaktionen, hysterischen Lach- oder Weinanfällen. Ausgelöst werden sie dadurch, daß sich das Kind zurückgesetzt fühlt, beim Spiel verliert, nicht wie erwartet zum Zuge kommt oder getadelt und zurückgewiesen wird. Offensichtlich verbirgt sich hinter einer harten Schale ein weicher Kern. So finden sich bei diesen Kindern sehr oft auch tiefer liegende Ängste – etwa Trennungsängste (u. a. Trennung von der Mutter), Angst vor der Dunkelheit, vor Ungeheuern, Angst vor Tieren, Schulangst und – vor allem – Angst vor anderen Kindern. Meist werden diese Ängste hinter einem etwas großspurigen Auftreten versteckt, und man erfährt erst davon, wenn es gelingt, mit den Kindern näher ins Gespräch zu kommen.

Zu diesen Ängsten gehört auch, daß die Kinder wenig an sich selbst glauben und daher auch oft traurig bis depressiv sind. Auf diese Tatsache ist man in der Forschung erst in letzter Zeit aufmerksam geworden. Ein großer Prozentsatz der Kinder (27 Prozent, vgl. Munir, Biedermann und Knel 1987) ist über die Maßen traurig bis depressiv. Eigentlich ist dieses Ergebnis nicht überraschend; die Kinder machen so oft negative Erfahrungen, daß sie zunehmend an sich selbst zweifeln.

Kaspern und Meidungsverhalten

Das Kind spielt häufig den Clown, am liebsten vor großem Publikum. Beliebte »Aufführungsorte« sind Kindergarten und Klassenzimmer. Aber auch Besuch zu Hause reizt das Kind, sich in den Mittelpunkt zu stellen. Es hüpft umher, macht kleine Kunststücke oder die ulkigsten Verrenkungen. Meist kichert und lacht es dabei und ist immer darauf bedacht, von allen beachtet zu werden. Dann ist das Kind für Aufforderungen oder Gespräche kaum zugänglich. Häufig eskalieren solche Situationen, oder sie enden mit Streit oder Tränen.

Solche Mißerfolgserlebnisse sind im Alltag des Kindes fortwährend angesagt. Immer wieder rügt der Lehrer sein Verhalten, sagt ihm, es solle endlich aufpassen und sitzen bleiben. Das Kind fühlt diesen Ärger und die Ablehnung des Lehrers, und es erlebt, daß es weniger gut bei einer Aufgabe bleiben kann und weniger gute Ergebnisse als die anderen Kinder erreicht. Die Schule wird für das Kind zur täglichen Qual und zur vermeintlichen Bestätigung, »dumm« zu sein.

So entwickelt sich dann bei den meisten aufmerksamkeitsgestörten Kindern eine große Abneigung gegenüber allem, was mit Schule und Leistung zu tun hat. Die Kinder meiden Situationen, in denen es darum geht, sich länger und sorgfältiger mit einer »feingestrickten« Sache zu beschäftigen. Das gilt z. B. für Bastelarbeiten, Rätselspiele, Hausaufgaben, Lesen. Statt dessen bevorzugen sie Dinge, die mit Bewegung und rascher Abwechslung verbunden sind (etwa Fußball spielen, Eishockey, draußen toben).

Das Vermeidungsverhalten kann sich auch darin äußern, daß

das Kind morgens nicht aufstehen will, nur widerstrebend zur Schule geht, die Schule schwänzt, die Hausaufgaben oder wichtiges Material vergißt, die Eltern hinsichtlich der Hausaufgaben oder des Stundenplanes anschwindelt, sich über die Schule oder Situationen abfällig äußert, in denen Leistungen gefordert sind, und sich über die Anstrengungen und Erfolge anderer lustig macht.

Daraus wird deutlich, daß vor allem große *Versagensängste* – und nicht etwa Faulheit oder Boshaftigkeit – Triebfedern dieses Verhaltens sind. Dem Kind muß dringend geholfen werden, damit es diese Ängste überwinden kann.

Achtung! Nicht alle Schwierigkeiten sind Aufmerksamkeitsstörungen

Unaufmerksamkeit, Unruhe und Voreiligkeit treten natürlich bei allen Kindern und auch bei Erwachsenen gelegentlich auf. Deshalb ist es unverzichtbar, eine Grenzlinie festzulegen. Man hat sich mittlerweile (siehe auch Anhang A) darauf geeinigt, daß das Auftreten dieser Grundmerkmale dann als auffällig eingestuft wird, wenn folgende Bedingungen erfüllt sind:

- Es sind *mindestens sechs Merkmale von Unaufmerksamkeit* festzustellen. Dazu gehört beispielsweise, daß ein Kind seine Aufmerksamkeit nicht auf Details richten kann, häufig Flüchtigkeitsfehler macht, nicht über längere Zeit aufmerksam sein kann sowie Aufgaben und Aktivitäten nur unzureichend zu Ende bringt.
- Es sind *mindestens sechs Merkmale von Überaktivität und Impulsivität* zu beobachten. Dazu gehören beispielsweise folgende Anzeichen: Das Kind zappelt häufig mit Händen und

Füßen, rutscht auf dem Stuhl herum, steht in der Klasse häufig auf oder in Situationen, in denen es länger sitzen bleiben sollte, rennt häufig umher bei Anlässen, bei denen dies unpassend ist, kann selten mal ruhig spielen oder sich ausdauernd mit anderen Freizeitaktivitäten beschäftigen, platzt häufig mit den Antworten heraus, bevor die Frage zu Ende gestellt ist, kann nur schwer warten, bis es an der Reihe ist, unterbricht und stört andere häufig.

- Diese Symptome müssen bereits *vor dem siebten Lebensjahr* aufgetreten sein, d. h., die Eltern müssen bereits Hinweise aus der Vorschul- und Kindergartenzeit haben. (Mit dieser Eingrenzung will man vermeiden, daß man Einschulungsschwierigkeiten oder Lernprobleme irrtümlich als Aufmerksamkeitsstörung interpretiert.)

- Diese Probleme müssen so ausgeprägt sein, daß man sich Sorgen machen muß. In den entsprechenden Diagnosevorschriften wird dann von einer »klinisch bedeutsamen« Beeinträchtigung gesprochen. Dies ist meistens dann der Fall, wenn ein Kind mit Gleichaltrigen nur schlecht zu Rande kommt, Schwierigkeiten zu Hause hat, in der Schule immer wieder wegen seines Verhaltens aneckt und deutliche Lernprobleme zeigt.

- Diese Beeinträchtigungen können nicht durch anderweitige Probleme (z. B. deutlicher und tiefgreifender Entwicklungsrückstand, Verlust von Bezugspersonen etc.) erklärt werden.

Über diese Bestimmungsmerkmale werden wir in Kapitel 5 »Wie Aufmerksamkeitsstörungen entstehen« noch detaillierter sprechen. Sie sind deshalb so wichtig, weil wirklich nur dann von »Störungen« gesprochen werden soll, wenn die Schwierigkeiten des Kindes entsprechend eingegrenzt und begründet werden können. Es macht wenig Sinn, alle Anpassungsprobleme eines Kindes zu Hause und in der Schule als Aufmerksamkeitsstörung zu bezeichnen.

Achtung! Aufmerksamkeitsprobleme und motorische Unruhe

können auch als Folge von Belastungen (etwa bei Krankheit oder Tod in der Familie, Scheidung der Eltern, Geburt eines Geschwisterkindes) auftreten. Obwohl sich das Verhalten dieser Kinder zunächst fast gar nicht von den oben beschriebenen Aufmerksamkeitsstörungen unterscheidet, gibt es – auf den zweiten Blick – doch gravierende Unterschiede:

● Es ist eine »natürliche« Reaktion auf die vorausgegangene Belastung.
● Die Probleme treten plötzlich, also im Zuge der Belastungen, auf.
● Die Probleme verlieren sich mit der Zeit wieder.

Man kann also von den Symptomen allein nicht mit völliger Sicherheit darauf schließen, daß eine Aufmerksamkeitsstörung vorliegt. Vielmehr müssen weitere Merkmale (Dauer der Beeinträchtigung, Beginn der Beeinträchtigung, der Ausschluß anderer Störungen) mitbedacht werden. Dazu ist eine sorgfältige *psychologische Diagnostik* notwendig.

Was diese Kinder gut können

Allzu oft gerät angesichts der tatsächlichen oder vermeintlichen Schwierigkeiten aufmerksamkeitsgestörter Kinder in Vergessenheit, daß sie auch positive Seiten und Stärken haben – sie sind quasi die Kehrseite der Medaille. Die Stärken aufmerksamkeitsgestörter Kinder liegen ganz zweifelsohne in ihrer Spontaneität und ihrem Sinn für Situationskomik. Sie sind ideenreich, kreativ, entdeckungsfreudig, flexibel, risikofreudig und unkonventionell – Voraussetzungen, die in vielen kreativen Berufen geschätzt und gefordert werden. Eine andere Stärke ist ihre körperliche

Fitness, ihr Spaß an Bewegung, gestische Sicherheit und mimisches Talent – Fähigkeiten, die in vielen Bereichen (Schauspiel, Tanz, Sport) genutzt werden können. Insofern hat ihr Problemverhalten eine positive Perspektive. Schade nur, daß für diese Talente meistens nicht die richtigen Nischen eingerichtet werden können, in denen die Fähigkeiten und Stärken richtig zur Geltung kommen.

Andere Stärken treten weniger deutlich und erst bei genauerem Hinsehen zutage: ihre Anhänglichkeit, wenn sie einmal Zutrauen gefaßt haben, ihr Bedürfnis nach sozialen Kontakten und Freundschaft und ihr manchmal kratzbürstiger Charme – Züge, die sie liebenswert und unverwechselbar machen.

3 Wie häufig kommen Aufmerksamkeitsstörungen vor?

Im allgemeinen wird die Zahl der aufmerksamkeitsgestörten Kinder überschätzt. Dies passiert besonders Lehrern, die bis zu 15 Prozent ihrer Schüler als »aufmerksamkeitsgestört« bezeichnen. Die tatsächliche Zahl liegt zwischen 3 und 5 Prozent. Man muß also sehr sorgfältig prüfen, ob ein Kind wirklich aufmerksamkeitsgestört ist, und anhand anerkannter Merkmale entscheiden, ob eine derartige Problematik wirklich vorliegt. Bei einem Vergleich der Geschlechter zeigt sich im übrigen, daß Jungen weit häufiger aufmerksamkeitsgestört sind als Mädchen.

Aufmerksamkeitsstörungen gelten als *das* Problem unserer Zeit. Lehrer und Erzieher führen oft beredte Klage darüber, wie schwierig, unkonzentriert und unruhig die Kinder sind. Befragt man beispielsweise Lehrer, wie viele ihrer Schüler aufmerksamkeitsgestört sind, dann kommt man auf einen Anteil von 15 Prozent. So ist es nicht verwunderlich, wenn Aufmerksamkeitsstörungen als *die* Schulkrankheit gelten. Tatsächlich leiden aber »nur« 3 bis 5 Prozent der Grundschüler unter einer Aufmerksamkeitsstörung. Als realistische Faustregel gilt: Pro Schulklasse ist ein Kind aufmerksamkeitsgestört und/oder überaktiv. Damit zählen Aufmerksamkeitsstörungen jedoch insgesamt zu den häufigsten Problemen von Grundschülern.

Solche Unterschiede in der Einschätzung und der tatsächlichen Anzahl aufmerksamkeitsgestörter Kinder weisen darauf hin, daß manche Kinder allzu voreilig als aufmerksamkeitsgestört eingestuft werden. Bereits Kinder, die *nur* konzentrationsschwach sind, wenig Interesse an der Schule haben oder dort nicht so gut mitkommen, allgemein schwierig sind, sich nicht an Spielregeln halten oder als störend erlebt werden, finden sich schnell in der Schublade »Aufmerksamkeitsstörung« wieder. Die meisten Kinder gehören aber nicht da hin. Die »Freihanddiagnose« Aufmerksamkeitsstörung ist in vielen Fällen unzutreffend. Eine zuverlässige Diagnose kann erst nach einer sorgfältigen Überprüfung der Probleme anhand von objektiven Verfahren und nachvollziehbaren, international gültigen Kriterien gestellt werden. Wenn das Etikett »Aufmerksamkeitsstörung« allzu großzügig vergeben wird, tut man vielen Kindern Unrecht. Möglicherweise werden dann auch Probleme mit dem Unterricht zu Störungen der Kinder erklärt.

Aufmerksamkeitsstörungen verteilen sich sehr ungleich auf Jungen und Mädchen. Es gibt etwa sechsmal mehr aufmerksamkeitsgestörte Jungen als Mädchen. Dafür werden mehrere Gründe diskutiert, etwa:

- Vor der Pubertät finden sich bei Jungen insgesamt mehr Verhaltensstörungen als bei Mädchen – nach der Pubertät gleicht sich dieses Mißverhältnis weitgehend wieder aus. (Mädchen verarbeiten Probleme eher defensiv. Sie entwickeln deshalb seltener nach außen gerichtete Störungen, sondern eher nach innen gerichtete Probleme, etwa Ängstlichkeit.)
- Einige Forscher meinen auch, daß es für Jungen heutzutage schwerer ist, die Männerrolle in unserer Gesellschaft zu erlernen, weil sie so wenige männliche Vorbilder haben. Wenn dies stimmen sollte (was allerdings nur schwer zu belegen ist), wären die betroffenen Jungen mehr mit männlichen Vorbildern (hier sind wohl vor allem die Väter gefragt) in Kontakt zu bringen.
- Bei Jungen stellt man insgesamt eine größere körperliche Anfälligkeit fest, die das allgemeine Krankheitsrisiko erhöht.

Gegenwärtig erklärt jedoch keiner dieser Gründe das Mißverhältnis zwischen Jungen und Mädchen hinreichend.

4 Ein Blick auf die verschiedenen Altersstufen

Das Erscheinungsbild der Aufmerksamkeitsstörung ändert sich im Altersverlauf. Bei Kleinkindern ist eine Aufmerksamkeitsstörung oft nur sehr
schwer zu erkennen; bei Jugendlichen ist sie in aller Regel von sozialen und
beruflichen Schwierigkeiten überlagert. Wichtig ist, daß sich die Aufmerksamkeitsstörung zwar im Verlauf der kindlichen Entwicklung wandelt, aber
nur selten von ganz allein verschwindet. Vielmehr trägt sie den Keim einer
Verschlimmerung in sich. Aufmerksamkeitsstörungen sind ein Entwick-
lungsrisiko.

Es besteht natürlich ein großer Unterschied, ob ein aufmerksamkeitsgestörtes Kind den Kindergarten oder die Schule besucht
oder ob es sich als Jugendlicher bereits in einer Berufsausbildung
befindet. Bei jeweils unterschiedlichen Anforderungen und
zunehmender Selbständigkeit fallen Aufmerksamkeitsstörungen
ganz unterschiedlich auf.

Die Altersstufen im einzelnen

Kleinkindalter (bis ca. 4 Jahre)

Aufmerksamkeitsstörungen äußern sich in dieser Altersstufe vor
allem in motorischer Unruhe, in einer erhöhten Reizbarkeit und
in Anpassungsschwierigkeiten. Die Kinder schlafen beispielsweise kaum durch, gewöhnen sich nicht so recht an regelmäßige
Essens- und Schlafzeiten, sind tagsüber sehr unruhig, lassen sich

nur schwer beruhigen, haben ein »schwieriges Temperament«, lassen sich kaum von den Eltern beeinflussen, trotzen und fügen sich nur schwer ein. Sie sind motorisch vergleichsweise gut entwickelt und sehr bewegungsfreudig sowie überaus neugierig. Sie wenden sich neuen Dingen rasch und für kurze Zeit intensiv zu, was schon als leicht ablenkbar empfunden wird.

Oft findet man sogenannte »Schreibabys«, die schier untröstbar zu sein scheinen, einen gestörten Schlaf-/Wachrhythmus haben und ein auffälliges Bewegungsmuster erkennen lassen.

Kindergartenalter (ca. 3–5 Jahre)

Erste Hinweise auf eine mögliche Aufmerksamkeitsstörung kommen meistens aus dem Kindergarten: Das Kind ist hier zum ersten Mal ohne ständige Anleitung durch einen Erwachsenen und soll sich in eine komplizierte, neue Welt eingewöhnen.

Sein Verhalten läßt sich jetzt recht leicht beurteilen, weil es mit anderen Kindern unter »regelhaften« Bedingungen zusammen ist. Impulsives, überaktives Verhalten oder eine Aufmerksamkeitsschwäche fallen deshalb rasch auf. Anzeichen dafür sind: Das Kind hört beim Vorlesen von Geschichten wiederholt nicht richtig zu, ist über die Maßen unruhig und ständig in Bewegung, es kaspert herum, erzeugt fortwährend Unruhe und stört andere Kinder beim Spielen. Es kann nicht längere Zeit bei einer Sache bleiben, sondern wechselt ständig von einer Aktivität zur anderen. Kurz: Im Vergleich zu den anderen Kindern erweist es sich als auffallend unruhig, es kann kaum fünf Minuten sitzen bleiben, handelt vorschnell und zeigt sich über die Maßen ablenkbar. Bei Gruppenspielen kann es schlecht warten, bis es an der Reihe ist.

Zu Hause fallen den Eltern die Ungeschicklichkeiten und überschießenden Reaktionen des Kindes auf. Es geht viel zu Bruch, die Kinder stoßen sich und verletzen sich oft.

Wenn Sie als Eltern oder Erzieher dieses Verhalten in verschiedenen Situationen (also im Kindergarten, beim Spielen, beim Basteln, im Alltag zu Hause) beobachten, liegen einige Hinweise auf eine Aufmerksamkeitsstörung vor. In diesem Fall ist es ratsam, professionelle Hilfe (Kinderpsychologen, Erziehungsberatungsstellen, Kinderärzte, Neuropsychiater) aufzusuchen.

Beobachtet man solche Verhaltensschwierigkeiten jedoch nur in ganz wenigen oder eingeschränkten Situationen (z. B. nur in bestimmten Situationen im Kindergarten oder nur im Kindergarten, nicht aber zu Hause), dann spricht vieles dafür, daß besondere Umstände oder Ereignisse im Kindergarten dafür maßgebend sind. Vielleicht hat das Kind größere Probleme mit bestimmten Kindern, oder es versteht sich nicht mit dem Erzieher. An diese Möglichkeiten sollte besonders dann gedacht werden, wenn das Kind z. B. nur in ganz bestimmten Situationen unruhig, ablenkbar und unbedacht ist, ansonsten aber unauffällig bleibt: Wenn es z. B. mit den Nachbarskindern meist friedlich spielt, mit den Geschwistern im großen und ganzen gut auskommt und sich daheim längere Zeit allein und intensiv mit einem Spiel beschäftigt, im Kindergarten dagegen unruhig und schwierig ist.

Jüngere Schulkinder (ca. 6–10 Jahre)

Ausdauer, Konzentration, abwarten können und bei einer Sache bleiben werden spätestens bei Schuleintritt wichtig. Typisch aufmerksamkeitsgestörtes Verhalten bringt hingegen Tadel, Mißerfolg und Nachteile. Wenn das Kind nicht stillsitzen und nicht die notwendige Aufmerksamkeit aufbringen kann, wenn es vorschnell und allzu unbedacht reagiert oder sich nicht an die Regeln im Unterricht halten kann, kommt es zu Mißerfolgen, Klagen und alsbald zu größeren Schwierigkeiten. Es dauert zumeist nicht lange, bis erste Rückmeldungen vom Lehrer kommen. Über kurz oder lang läßt dann auch die Begeisterung für die Schule deutlich nach. Das Kind meidet schulische Anforderungen und geht einfach ungern zur Schule. Dazu gehört, daß es immer öfter versucht, daheim bleiben zu dürfen, morgens beim Anziehen herumtrödelt, Wutanfälle bekommt, wenn es dennoch losgeschickt oder hingebracht wird, usw. Wenn es dann gelegentlich doch dem Unterricht fernbleibt und immer weniger Lust auf Schule hat, entstehen nach und nach Wissenslücken, was zu weiteren Problemen führt. Eine Aufmerksamkeitsstörung wird also zumeist rasch bemerkt, und häufig drängt die Schule mit Nachdruck auf Veränderung.

Hinzu kommen soziale Schwierigkeiten: Dem Kind fällt es schwer, Freundschaften zu schließen, oft ist es bereits in der zweiten Klasse ein Außenseiter, mit dem bald niemand mehr etwas zu tun haben möchte. Das Kind läuft Gefahr, von Lehrern und Schülern gleichermaßen abgestempelt zu werden; aufgrund seiner negativen Erfahrungen entwickeln sich Folgeprobleme wie Schulunlust, Aggressivität, Selbstzweifel, die ihm das Leben noch schwerer machen.

Ältere Schulkinder (ca. 11–14 Jahre)

Die Anforderungen in der Schule und die Erwartungen an das Kind steigen, die Freiräume des Kindes werden zunehmend geringer. So wird immer mehr erwartet, daß das betroffene Kind mit seinen Schwierigkeiten selbst fertig wird. Dies ist aber nicht mehr so einfach, weil sich aufgrund der meist schon länger andauernden »Karriere« als aufmerksamkeitsgestörtes Kind in der Regel größere Wissensdefizite eingestellt haben. Auch intelligenten Kindern fällt es deshalb immer schwerer, in der Schule Tritt zu fassen, Anschluß an das Lernniveau der Klasse zu finden und sich im Unterricht zu engagieren. Ein weiterer Grund dafür ist, daß es um die Lernlust der Kinder jetzt meistens ausgesprochen schlecht bestellt ist. Der langjährige Mißerfolg in der Schule hat Folgen hinterlassen, die nicht mehr so einfach zu korrigieren sind. Es fehlt aber auch an Lernstrategien, um den immer umfangreicheren und anspruchsvolleren Unterrichtsstoff aufnehmen und strukturieren zu können. Da der Kontakt zu den Gleichaltrigen immer wichtiger wird, führen fehlende soziale Fertigkeiten, einhergehend mit Aggressivität oder Launenhaftigkeit, schnell ins soziale Abseits. Die beginnende Pubertät wirft zudem weitere Probleme auf; der Jugendliche geht vermehrt eigene Wege und entwickelt dann natürlich auch Interessen außerhalb der Schule.

Jugendliche (ca. 15–20 Jahre)

Die bisherigen Schwierigkeiten in der Schule und im Umgang mit Gleichaltrigen verschärfen sich bei fortschreitender Pubertät häufig. Dieser Lebensabschnitt ist durch viele Neuorientierungen und Umbrüche gekennzeichnet: Der Jugendliche ist bemüht, seine Persönlichkeit zu finden, neue Wege zu gehen, sich vom Elternhaus zu lösen, Bindungen außerhalb der Familie aufzubauen, wichtige Lebensentscheidungen in Beruf und Ausbildung zu treffen und vor allem auch sich selbst zu akzeptieren sowie seine Rolle im sozialen Umfeld zu finden. Untersuchungen zeigen, daß fast alle Jugendlichen in dieser Zeit der Umbrüche und Neuorientierungen Probleme haben – etwa nicht mit sich im Einklang sind, Angst vor Zurückweisungen durch Gleichaltrige haben, Konflikte mit ihren Eltern, emotionale Verunsicherung, mangelnde Zukunftsperspektiven.

Üblicherweise kommt es in diesem Lebensabschnitt auch verstärkt zu Auseinandersetzungen mit den Eltern. Im Vergleich zu anderen sind die aufmerksamkeitsgestörten Jugendlichen jetzt aber viel widerspenstiger und eigenwilliger. Weil sie aufgrund ihrer Impulsivität einfach weniger über die möglichen Folgen ihres Tuns nachdenken, geraten sie in schwierige und risikoreiche Situationen – dazu gehören beispielsweise handfeste Auseinandersetzungen mit anderen, unbedachtes Handeln unter Alkoholeinfluß,

Verkehrsverstöße beim Autofahren. Ihr Interesse an allem Neuen führt aber zwangsläufig dazu, daß sie viele, auch risikoreiche Dinge ausprobieren. Ihre geringe soziale Geschicklichkeit läßt sie dabei in manches Fettnäpfchen treten und hat zur Folge, daß sie aus solchen Situationen nur schlecht herauskommen.

Durch diese Umstände sind die Eltern-Kind-Beziehungen in der Regel um vieles konfliktreicher als bei ihren nicht-aufmerksamkeitsgestörten Altersgenossen. Da meist auch kein verläßlicher Freundeskreis da ist, der die Jugendlichen stützen könnte, verläuft diese Phase oft sehr krisenhaft und ist durch mehr Brüche als allgemein üblich gekennzeichnet. Abrupte Entscheidungen, Berufs- oder Schulschwierigkeiten, »Flausen«, die von den Eltern abgelehnt werden, abträgliche Sozialkontakte – etwa Anschluß an ebenfalls schwierige Gleichaltrige, Kontakte mit Problemgruppen, mit Sekten – sind sichtbarer Ausdruck dieser Schwierigkeiten. Häufiger Schulwechsel und wiederholter Schulabbruch verschlechtern die Chancen für einen Ausbildungsplatz weiterhin nachhaltig. Es besteht dann die Gefahr, daß aus den Aufmerksamkeitsstörungen ernsthaftere soziale Probleme resultieren!

Verschwinden Aufmerksamkeitsstörungen von allein?

Das Erscheinungsbild einer Aufmerksamkeitsstörung ist höchst wandelbar und ändert sich im Altersverlauf. Verschwinden Aufmerksamkeitsstörungen dann auch von allein? Leider nicht. Eine Aufmerksamkeitsstörung »wächst sich« – entgegen weit verbreiteter Hoffnungen – im Lauf der Zeit nicht »aus«. Im Gegenteil, je länger sie unbehandelt bleibt, desto mehr Komplikationen gibt es. In einigen Beispielen läßt sich sogar eine Art »Karriere« erkennen (vgl. Infokasten).

Was wird später aus aufmerksamkeitsgestörten Kindern?

Sorgfältige Untersuchungen zu der Frage, was aus aufmerksamkeitsgestörten Kindern im weiteren Leben geworden ist, belegen, daß viele eine traurige »Karriere« genommen haben. Im Alter von 18 bis 23 Jahren hatten sie mehrheitlich noch Probleme mit Unaufmerksamkeit, Impulsivität und Überaktivität (ca. 40 bis 60 Prozent). Außerdem erreichten sie meist schlechtere Lern- und Ausbildungsergebnisse als ihre Altersgenossen. Dazu fielen sie im Verlauf ihrer Jugend öfter durch soziale Schwierigkeiten auf (z. B. Lügen, Stehlen, Zerstörungsdrang, körperliche Angriffe, Zündeln). Ein Teil von ihnen war sogar wegen Kriminalität (durchschnittlich 38 Prozent) und Drogenmißbrauchs (durchschnittlich 13 Prozent) auffällig geworden. Korrekturversuche im Grundschulalter scheinen wenig bewirkt zu haben.

In jeder der Untersuchungen findet sich aber auch ein Teil ehemals aufmerksamkeitsgestörter Kinder, die später überhaupt keine Probleme mehr hatten.

Ob sich die Aufmerksamkeitsstörungen ausweiten oder ob sie doch zu begrenzen sind, scheint davon abzuhängen, ob das Kind »nur« an einer Aufmerksamkeitsstörung leidet oder sich zusätzlich auch soziale Schwierigkeiten (Aggression, oppositionelles Trotzverhalten, soziale Isolierung) einstellten. Ein Kind, das

- eine »reine« Aufmerksamkeitsstörung hat,
- mildere Symptome von Überaktivität und Impulsivität aufweist,
- eine höhere Intelligenz besitzt,

● über gute soziale Kompetenzen verfügt,
● einen stabilen Rückhalt in der Familie findet,
● rechtzeitig professionelle Betreuung erhält,
hat nach diesen Untersuchungen die besten Entwicklungs-
chancen. Bei diesen Kindern weitet sich die Störung nicht
aus.

5 Wie Aufmerksamkeits-
störungen entstehen

Eine Aufmerksamkeitsstörung entwickelt sich aus einem biologischen Grundrisiko heraus. Sie wird durch Einflüsse aus der Umgebung (Familie, Schule, Gleichaltrige) aufrechterhalten und häufig weiter verschärft. Zu klären, welche Bedingungen im Einzelfall tatsächlich dafür ausschlaggebend sind, ist Grundvoraussetzung für das Verständnis der Schwierigkeiten aufmerksamkeitsgestörter Kinder. Wenn es auch nicht die eine Ursache für die Entstehung einer Aufmerksamkeitsstörung gibt, so ist es doch möglich, zu erklären, wie sie sich herausbildet. Dazu stellen wir verschiedene aktuelle Ansätze vor und erläutern Vorstellungen, die früher bevorzugt vertreten wurden. Ideen, wann und wie man gezielt eingreifen und korrigieren kann, beruhen auf dem Verständnis dieses Bedingungsgefüges.

Eine Ursache oder mehrere?

Wie kommt es zu einer Aufmerksamkeitsstörung? Warum hat gerade unser Kind dieses Problem? Diese Fragen stellen sich betroffene Eltern insbesondere in der Hoffnung, daß ihnen die Antworten bei ihrer Erziehung helfen. Angesichts der Tatsache, daß an der Entwicklung und Aufrechterhaltung der Aufmerksamkeitsstörung mehrere Faktoren beteiligt sind, ist allerdings nicht mit einfachen Antworten zu rechnen. Es gibt nicht die eine Ursache für die Entstehung und Manifestation einer Aufmerksamkeitsstörung. Vielmehr müssen mehrere Bedingungen zusammenkommen, damit sich eine Aufmerksamkeitsstörung entwickelt (vgl. hierzu auch Abb. 1, S. 51):

Besonderheiten im Gehirn bilden ein Grundrisiko. Hier sind vor allem Funktionseinschränkungen in bestimmten Gebieten des Gehirns, mögliche Verletzungen des Gehirns sowie Mängel im Zusammenwirken von autonomem und zentralem Nervensystem zu nennen. Allerdings bewirken auch sie nicht automatisch eine Aufmerksamkeitsstörung.

Soziale Bedingungen sind dafür maßgebend, ob ein solches Grundrisiko tatsächlich zu einer Aufmerksamkeitsstörung führt. Dies ist dann der Fall, wenn das Grundrisiko nicht angemessen beachtet oder sogar verstärkt wird (etwa wenig geordnete Familienverhältnisse, wenige Vorbilder im Leben des Kindes, wenig Anleitung für das Kind).

Darüber hinaus begünstigen manche Lebensumstände, daß sich eine Aufmerksamkeitsstörung verschärft und daraus dann weitere negative Verhaltensmuster wie aggressives und antisoziales Verhalten entstehen.

Es gibt viele populär gewordene Erklärungen für die »Ursachen« von Aufmerksamkeitsstörungen, die meist mit großer Überzeugungskraft vertreten werden. Wie in der Mode werden von Zeit zu Zeit neue »Modelle« angeboten. Meistens wird die ganze Vielfalt des Erscheinungsbildes einer Aufmerksamkeitsstörung auf eine einzige, oft ganz allgemeine Ursache zurückgeführt, was wohl auch sehr zur Popularität der Erklärung beiträgt. Tatsächlich sind die Belege für die Richtigkeit derartiger Konzepte aber sehr dürftig.

Im folgenden werden einige der wichtigsten Erklärungsansätze vorgestellt.

Populäre Erklärungsansätze für Aufmerksamkeitsstörungen

- *»Aufmerksamkeitsstörungen sind die Folge unseres modernen Lebens und der Informationsüberflutung.«*
  Hier wird argumentiert, daß die Kinder nicht mehr lernen, Informationen wirklich auszuschöpfen und sich kontinuierlich mit einer Sache zu beschäftigen. Da sich jedoch die Zahl aufmerksamkeitsgestörter Kinder nicht deutlich erhöht hat, ist diese Erklärung nicht stichhaltig.

- *»Fernsehen und Medien führen dazu, daß sich die Zahl aufmerksamkeitsgestörter und überaktiver Kinder erhöht.«*
  Dies ist schon deshalb nicht richtig, weil die Zahl der aufmerksamkeitsgestörten/überaktiven Kinder in den letzten Jahren annähernd gleich geblieben ist. Außerdem ist damit nicht zu erklären, weshalb nur ein Teil unserer Kinder unter Aufmerksamkeitsstörungen leidet. Allerdings ist die Bereitschaft, im Verhalten der Kinder eine Konzentrationsstörung, Aufmerksamkeitsschwäche oder motorische Unruhe zu sehen, größer geworden.

- *»Umweltbelastungen tragen zur verstärkten Verbreitung von Aufmerksamkeitsstörungen und Überaktivität bei.«*
  Zwar gibt es (indirekte) Hinweise dafür, daß das mitunter vergesellschaftete Auftreten von Allergien und Aufmerksamkeitsstörungen/Überaktivität eine gemeinsame immunologische Grundlage hat, doch belegen klinische Studien *nicht*, daß die in Umwelt und Nahrung vorfindbaren Allergene übermäßig häufig bei Kindern mit Aufmerksamkeitsstörungen/Überaktivität anzutreffen sind. Es kann daher nicht davon ausgegangen werden, daß die Aufmerksamkeitsstörung / Überaktivität von solchen Faktoren systematisch ausgelöst wird.

- *»Aufmerksamkeitsstörungen sind die Folge einer minimalen cerebralen Dysfunktion.«*
  Diese Theorie ist vergleichsweise alt. Sie wurde erstmals zu Beginn des Jahrhunderts formuliert und in den 50er und 60er Jahren wieder aufgegriffen. Sie läßt sich als solch verallgemeinernde Schlußfolgerung jedoch nicht aufrechterhalten. Die Zusammenhänge zwischen Beeinträchtigungen der Gehirntätigkeit und Aufmerksamkeitsstörungen sind in Wirklichkeit weit komplizierter.

- *»Aufmerksamkeitsstörungen sind Ausdruck von chaotischen und zerbrochenen Familien.«*
  Dies ist insofern unzutreffend, als schwierige Familienverhältnisse zwar häufig eine Vielzahl von Problemen bei den Kindern »produzieren«, aber nicht zwangsläufig und speziell zu einer Aufmerksamkeitsstörung führen. Richtig daran ist nur, daß schwierige Familienverhältnisse meistens zu einer Verschlimmerung einer Aufmerksamkeitsstörung (etwa Aggressivität, antisoziales Verhalten) beitragen.

Problematisch an all diesen Erklärungsansätzen ist, daß sie überwiegend einseitig argumentieren. Oft findet man auch regelrechte »Missionare«, die alle Schwierigkeiten durch eine einzige Ursache erklären wollen und dazu »fertige« Ideologien liefern und verbreiten. Manche Überlegungen treffen möglicherweise für einen Teil der Kinder in begrenztem Umfang zu. Es ist allerdings unzulässig, sie zu verallgemeinern und als *die* Ursache schlechthin auszugeben.

Das folgende Schaubild verdeutlicht den Zusammenhang zwischen verschiedenen Bedingungen, die bei der Entwicklung und Aufrechterhaltung von Aufmerksamkeitsstörungen zusammenwirken.

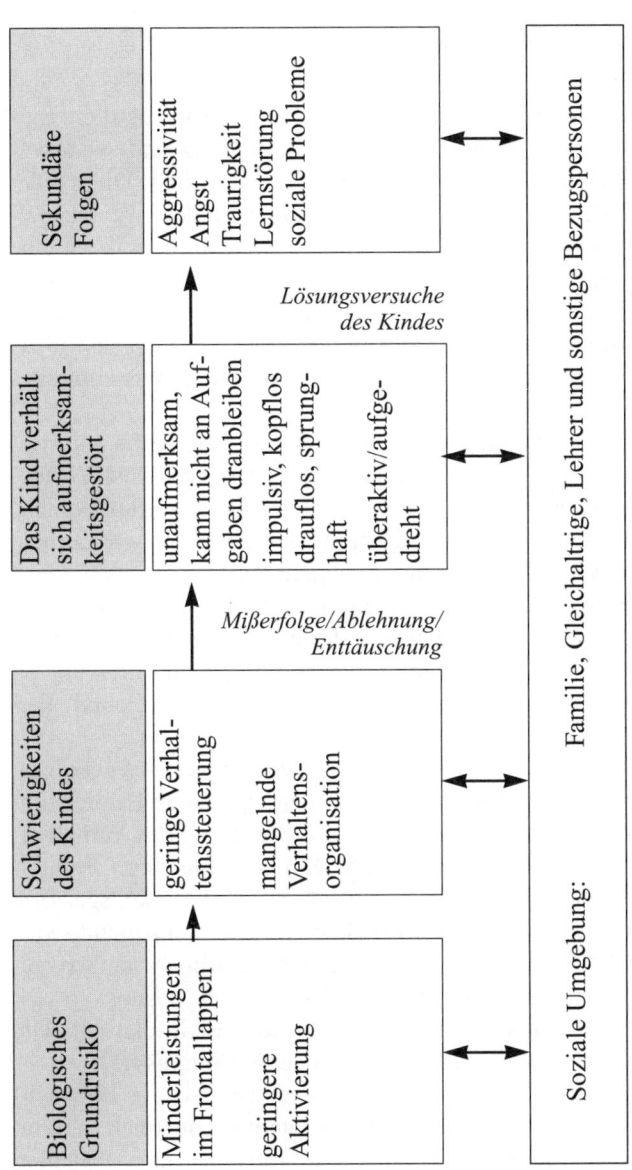

Abb. 1: Modell zur Entstehung von Aufmerksamkeitsstörungen

Biologisches Grundrisiko
Minderleistungen im Frontallappen
geringere Aktivierung

Schwierigkeiten des Kindes
geringe Verhaltenssteuerung
mangelnde Verhaltensorganisation

Mißerfolge/Ablehnung/ Enttäuschung

Das Kind verhält sich aufmerksamkeitsgestört
unaufmerksam, kann nicht an Aufgaben dranbleiben
impulsiv, kopflos drauflos, sprunghaft
überaktiv/aufgedreht

Lösungsversuche des Kindes

Sekundäre Folgen
Aggressivität
Angst
Traurigkeit
Lernstörung
soziale Probleme

Soziale Umgebung: Familie, Gleichaltrige, Lehrer und sonstige Bezugspersonen

Biologisches Grundrisiko

Bei aufmerksamkeitsgestörten Kindern stellt man vor allem Einschränkungen bei der Informationsübertragung und -verarbeitung im Gehirn fest, was weitreichende Folgen hat: Die Kinder können sich weniger gut auf wechselnde Anforderungen einstellen; sie haben besonders dann Schwierigkeiten, wenn ihnen eine Sache langweilig oder eine Aufgabe eintönig wird; sie können nicht über eine längere Zeitspanne aufmerksam bei der Sache bleiben; sie legen ein Verhalten an den Tag, das Erwachsene als unaufmerksam, impulsiv und unruhig empfinden. Wie kommt es dazu?

Neuere Untersuchungen zeigen, daß diese Probleme mit Minderleistungen in der Frontalregion des Großhirns (Neo-Cortex) zusammenhängen, die wie eine Art »Schaltstelle« funktioniert. Dazu muß man wissen, daß komplexere Leistungen wie Lernen, Planen, Problemlösungen nur dann gelingen, wenn verschiedene Bereiche des Gehirns zusammenarbeiten. Dabei fällt vor allem der Frontalregion die Aufgabe zu, diese einzelnen Leistungen des Gehirns zu koordinieren, die Fäden zusammenzuführen und so quasi die »Regie« zu führen. Sie ist im Stirn- und Schläfenbereich lokalisiert.

Bei aufmerksamkeitsgestörten Kindern »hapert« es gerade an dieser Zusammenführung der einzelnen regionalen Hirnleistungen. Der Mangel in der Planung und Steuerung des Verhaltens kommt auch in Unterschieden der Durchblutung dieser Frontallappenregion zum Ausdruck, wenn aufmerksamkeitsgestörte Kinder mit unauffälligen verglichen werden. Bildgebende Verfahren belegen hier, daß diese Bereiche bei aufmerksamkeitsgestörten Kindern offensichtlich nicht so aktiv an Lösungsprozessen beteiligt sind, wie dies notwendig wäre (vgl. Infokasten »Die Aufmerksamkeitsstörung im Wandel der Erkenntnisse«).

Daß an dieser Erklärung »etwas dran« ist, geht aus Beobachtungen über Schädigungen im Frontallappenbereich hervor. Sowohl entsprechend beeinträchtigte Tiere als auch Patienten

nach Unfällen zeigen die Grundmerkmale einer Aufmerksamkeitsstörung: Überaktivität, Impulsivität, Unaufmerksamkeit.
Psychologische Untersuchungen bei dieser Patientengruppe liefern übereinstimmend das Ergebnis, daß Beeinträchtigungen
vorliegen, wenn es um systematisches Suchen und das Unterlassen unpassender Reaktionen geht.

**Die Aufmerksamkeitsstörung im Wandel der Erkennt-
nisse**

Aufmerksamkeitsstörungen sind keine Erfindung unserer
Zeit. Auch schon früher fühlten sich Eltern, Erzieher und
Lehrer vom Verhalten aufmerksamkeitsgestörter Kinder
»genervt«.

So hat beispielsweise Heinrich Hoffmann, ein Frankfur-
ter Nervenarzt, bereits im Jahr 1845 von »typischen Problemen« aufmerksamkeitsgestörter Kinder berichtet. Seine
Bildergeschichten vom »Struwwelpeter«, »Zappelphilipp«
und vom »Hans Guck-in-die-Luft« beschreiben im Stil der
Zeit bereits recht genau, welche Probleme aufmerksamkeitsgestörte Kinder haben können.

Mit der zunehmenden Bedeutung der Naturwissenschaf-
ten wurde dann nach biologischen Erklärungen für diese
Störung gesucht. Dies beginnt mit Beobachtungen des eng-
lischen Kinderarztes George F. Still. Er hatte 1902 festgestellt, daß Kinder nach einer Hirnhautentzündung häufig
unruhig, ablenkbar und unkontrolliert wurden. Da die Kinder zuvor unauffällig gewesen waren, nahm er eine organi-
sche Ursache (Hirnschädigung) für ihre Auffälligkeiten an.
Später fand man aber auch Kinder, die ebenso verhaltensauffällig waren, ohne daß sie zuvor an Hirnhautentzündung
erkrankt waren. Es waren also weniger dramatische Erklärungen gefragt. Dies führte 1954 zum Konzept der »minimalen Hirnschädigung« (»minimalen cerebralen Dysfunk-

tion«). Es besagt, daß eine kaum erkennbare (minimale) Beeinträchtigung (Dysfunktion) des Gehirns vermutet wird. Aber auch diese Erklärung erwies sich mit der Zeit als immer unbefriedigender, weil längst nicht bei allen aufmerksamkeitsgestörten Kindern eine minimale cerebrale Dysfunktion festzustellen war und längst nicht alle Kinder aufmerksamkeitsgestört waren, bei denen diese Diagnose gestellt wurde. Ab 1975 wurde diese Erklärung immer weniger akzeptiert und letztlich verworfen.

Heutzutage lassen sich die besonderen Probleme aufmerksamkeitsgestörter Kinder hinsichtlich der biologischen Besonderheiten mit Hilfe bildgebender Verfahren und elektrophysiologischer Ableitungen auf der Schädeloberfläche spezieller kennzeichnen.

Die bildgebenden Verfahren – z. B. funktionale Magnet-Resonanz-Bildgebung, Functional Magnetic Resonance Imaging (FMRI) oder Positronen-Emissions-Tomographie (PET) – erlauben einen »Blick« in das Gehirn, während es arbeitet. Die bei aufmerksamkeitsgestörten Kindern bekannte Beeinträchtigung, Informationen aufzunehmen und zu verarbeiten, kommt hier u. a. dadurch zum Ausdruck, daß die Durchblutung der Frontalregion des Großhirns als einer Planungs-, Koordinations- und »Schaltzentrale« keine vergleichbare Aktivierung zeigt wie bei ihren unauffälligen Altersgenossen. Daran ändert sich auch nichts bei vermehrter Übung solcher Aufgaben, die sich lediglich auf Wiederholen beschränkt.

Diese Probleme in der »Schaltzentrale« hängen auch mit der »Wachheit« (Aktivierung) des Gehirns zusammen. Elektrophysiologische Ableitungen auf der Schädeloberfläche belegen, daß aufmerksamkeitsgestörte Kinder ihre Aktivierung nicht schnell genug an veränderte Situationen anpassen können. Sie sind entweder über- oder untererregt, was die bekannten Verhaltensweisen (vorschnelles, unaufmerksames, überaktives Verhalten) nach sich zieht.

Biochemisch könnte dies mit einer unzureichenden Verfügbarkeit des Botenstoffes Dopamin zusammenhängen (vgl. Infokasten »Botenstoffe im Gehirn«). Es gibt im übrigen Hinweise dafür, daß die medikamentöse Behandlung (vgl. Kapitel 11 »Behandlung mit Medikamenten«) die Bereitstellung solcher Botenstoffe verbessert.

Eng mit dem weniger guten Funktionieren der »Schaltzentrale« hängt ein zweites Problem von aufmerksamkeitsgestörten Kindern zusammen: ihre Wachheit. In unserem Gehirn werden in Bruchteilen von Sekunden vielfältige Botschaften oder Impulse von einer Nervenzelle zur nächsten weitergeleitet. Wie schnell und umfassend die Informationen zur nächsten Nervenzelle weitergegeben werden, hängt u. a. von der Wachheit (Aktiviertheit) des Gehirns ab.

Bei aufmerksamkeitsgestörten Kindern schwankt diese Aktiviertheit ganz erheblich; ihr Gehirn ist oft über- oder untererregt. Es stellt sich also weniger genau auf die Dinge ein, die zu tun sind. Dies hat zur Folge, daß die anstehenden Aufgaben auch weniger gut gelingen: Informationen werden weniger rasch und genau im Gehirn weitergeschaltet; das Kind kann sich weniger gut auf die Anforderungen seiner Umgebung einstellen, also entweder neue Kräfte mobilisieren oder seine Energien ein Stück »herunterfahren«.

Im allgemeinen ist eine mittlere Wachheit günstig, weil dann eine optimale Informationsverarbeitung gewährleistet ist und die Möglichkeit zum »Zulegen« besteht. Gründe für diesen Mangel bei aufmerksamkeitsgestörten Kindern sind darin zu sehen, daß die Kinder nicht so recht in der Lage sind, ihre Wachheit gezielt zu beeinflussen. Wir Erwachsene tun das ja, indem wir uns zur Ordnung rufen, uns ein Ziel vor Augen halten, Selbstgespräche führen, mit einem Wort, uns selbst motivieren. Den Kindern gelingt das bei den schon beschriebenen Schwierigkeiten in der »Schaltzentrale« bei mangelnder Vorerfahrung und bisherigen Mißerfolgen nur wenig.

Solche Probleme werden auch mit einem Mangel an Botenstoffen in Verbindung gebracht (siehe Infokasten »Botenstoffe im Gehirn (Neurotransmitter)«). Man nimmt an – dies ist aber nur sehr schwer zu beweisen –, daß es den Kindern besonders an Dopamin fehlt (was ihre Unruhe steigert) und/oder zu wenig Noradrenalin verfügbar ist (was die geistige Wachheit herabsetzt, die eine optimale Reaktion ermöglicht). Dieser Mangel bewirkt aber auch, daß sie nur geringfügig aus ihren Erfahrungen lernen. Hinweise, Anweisungen, Tadel oder Lob können von ihnen weniger als von anderen Kindern genutzt werden. Infolgedessen sind sie unangepaßter und tun immer wieder Dinge, die man ihnen schon tausendmal verboten hat.

Botenstoffe im Gehirn (Neurotransmitter)

Botenstoffe – auch »Neurotransmitter« genannt – leiten die Informationen in unserem Gehirn von einer Nervenzelle zur nächsten. Solche Botenstoffe sind zum Beispiel Adrenalin, Noradrenalin, Dopamin u. a. Sie sind dafür verantwortlich, daß Informationen im Gehirn von einer Zelle zur nächsten transportiert werden können.

Hierzu muß man wissen, daß die einzelnen Nervenzellen nicht fest miteinander verbunden sind, sondern einen kleinen Spalt (Synapsenspalt) aufweisen. Die Botenstoffe funktionieren wie eine Art Fähre, überbrücken diesen Spalt und sorgen so dafür, daß die Informationen die nächste Nervenzelle erreichen. Die Botenstoffe werden im Plasma der Nervenzellen hergestellt und stehen an der Stelle bereit, wo der Brückenschlag notwendig ist. Sie werden dort in kleinen Bläschen (Vesikeln) gespeichert. Wenn eine Information an der Nervenzelle ankommt, werden Neurotransmitter ausgeschüttet, überbrücken den Synapsenspalt und geben die Information an die nächste Nervenzelle weiter. Es gibt Botenstoffe, die die Weiterleitung erleichtern, und solche, die sie erschweren (hemmende Neurotransmitter).

Im Zusammenhang mit der Erklärung der Aufmerksamkeitsstörung sind zwei Botenstoffe besonders wichtig:

- Noradrenalin. Der Botenstoff Noradrenalin ist für die Steuerung der Wachheit im Gehirn (Aktivitätssteuerung) zuständig. Bei einem Mangel an Noradrenalin ist das Gehirn nicht »wach« genug, um optimal arbeiten zu können. Man nimmt an, daß das Kind diese Unteraktivierung durch ungesteuerte Reizsuche und motorische Unruhe auszugleichen versucht.

- Dopamin. Dieser Botenstoff bringt die Gehirnregionen miteinander ins Spiel, die für die Kontrolle von Impulsen und motorischen Aktivitäten zuständig sind. Auf der Grundlage von Erfolg und Mißerfolg werden hier Verhaltensmuster ausgebildet, die dazu führen, daß die Aufmerksamkeit auf wichtige Dinge gerichtet wird. Bei einem Mangel an Dopamin bleibt das Verhalten eher unangepaßt, die Aufmerksamkeit richtet sich bevorzugt auf die »falschen Signale«.

Schwierigkeiten des Kindes

Gestörte Verhaltenssteuerung

Die Folgen einer mangelnden Aktiviertheit des Gehirns liegen auf der Hand: Ohne das richtige Maß an geistiger Wachheit kann der Mensch schlecht auf die Anforderungen um ihn herum reagieren. Ein übermüdeter Autofahrer zum Beispiel kann sein Auto nicht mehr sicher steuern, ein abgespannter Lehrer nicht so gut unterrichten. Ähnlich geht es aufmerksamkeitsgestörten Kindern. Ihnen fällt es aufgrund der mangelnden Wachheit schwer,

- ihre Aufmerksamkeit auf ein mittleres Maß »einzupendeln«,
- ihre Aufmerksamkeit länger aufrechtzuerhalten,
- ihre Impulse (alles, was ihnen möglicherweise plötzlich in den Kopf kommt) zu kontrollieren,
- eine günstigere Wachheit herzustellen,
- ihren überschießenden Bewegungsdrang zu kontrollieren.

Kurz: Sie können ihr Verhalten weniger gut steuern und kontrollieren. Das betrifft vor allem die Selbstdisziplin und Selbstkontrolle der Kinder, die in vielen Lebenssituationen gefordert und vorausgesetzt wird. Dementsprechend haben die Kinder natürlich besonders dann Schwierigkeiten, wenn sie sich länger und ausdauernder mit Anforderungen auseinandersetzen müssen, bei denen sie auch noch Regeln einhalten und Anweisungen befolgen müssen. Bei kurzzeitigen Anforderungen können die Kinder dagegen recht gut mithalten. Hier ist weniger Beharrlichkeit gefordert.

Bei anderen Gelegenheiten kann es ganz anders aussehen. Wenn für das Kind etwas neu ist, wenn es sich brennend für eine Sache interessiert oder wenn es etwas gemeinsam mit einem Erwachsenen unternimmt, ist es erstaunlich aufgeweckt und bei der Sache. In diesen Fällen wird das Kind entweder durch den

Erwachsenen angeleitet und auf diese Weise entlastet, oder die Sache ist so spannend, daß die optimale Aktivierung (Wachheit) quasi von allein entsteht.

Mangelnde Verhaltensorganisation

Unsere alltäglichen Handlungen werden durch Erfahrungen mehr oder weniger automatisch organisiert, andere werden ganz bewußt geplant. Bevor wir zum Einkaufen gehen, treffen wir beispielsweise die nötigen Vorkehrungen. Wir schauen nach, ob Geld im Geldbeutel ist, werfen einen Blick in den Kühlschrank, schreiben einen Einkaufszettel, packen die leeren Flaschen ein und nehmen im Vorbeigehen den Einkaufskorb mit. Diese Vorbereitungen sind für uns ganz selbstverständlich, und wir denken meistens nicht mehr darüber nach. Das Organisieren unserer Handlungen ist uns quasi »in Fleisch und Blut« übergegangen, eine Tatsache, die uns von allzu vielem Nachdenken entlastet und das Leben ungemein erleichtert.

Andere Dinge müssen wir dagegen ganz bewußt und oft genug auch ein wenig mühselig planen, beispielsweise eine Urlaubsreise, ein Geschenk für einen Verwandten zu besorgen oder den Kauf eines neuen Autos. In diesen Fällen sind die Überlegungen meist kompliziert: Man denkt über die Kosten nach, prüft verschiedene Ideen, verwirft einige und verfolgt andere weiter, bis man letztendlich überzeugt ist, die beste Lösung gefunden zu haben.

Die Erfahrungen, die wir dabei machen, ordnen wir von Zeit zu Zeit. Dadurch gewinnen wir neue Einsichten und entwickeln ein immer wirksameres Vorgehen. Voraussetzung dafür ist, daß wir über die eigenen Handlungen, unsere Ziele und über Vorerfahrungen nachdenken. Das Nachdenken über das, was man gerade tut oder tun will, wird »Metakognition« genannt. Die Menschen werden damit in die Lage versetzt, sich quasi selbst über die Schulter zu schauen. Sie können ihre Handlungen und

59

Gedanken aus einer gewissen Distanz betrachten und beurteilen.

So können Vor- und Nachteile des eigenen Tuns rechtzeitig erkannt und mögliche Schwierigkeiten vermieden werden. Metakognition bedeutet also, daß man die Konsequenzen seiner Handlungen in Gedanken durchspielen und überprüfen kann; dadurch wird man in die Lage versetzt, aus seinen Handlungen zu lernen, bessere Entscheidungen zu treffen, weniger Fehler zu machen und seine Ziele sicherer zu erreichen.

Immer wenn es also um etwas Kompliziertes oder Umfassenderes geht wie Einkaufen, Lernen, Entscheidungen treffen, eine Reise machen, ist Planen und Organisieren angesagt – manchmal ganz bewußt, manchmal nur »so nebenbei«. Dafür greift man auf Vorerfahrungen, Strategien und Regeln zurück, die uns helfen zu entscheiden, worauf es ankommt, und uns dabei unterstützen, die Sache »auf die Reihe« zu bekommen. Je unmittelbarer und rascher wir diese Dinge aufrufen können, desto selbstverständlicher und besser kommen wir mit neuen Anforderungen zurecht. Besonders beim Lernen im Umgang mit anderen Menschen und beim Lösen von Problemen sind Strategien und Vorerfahrungen nützlich.

Denken über das Denken (Metakognition)

Das Denken ist ein komplexer Vorgang, eine Lösung findet man über viele Zwischenschritte, und Gedanken sind flüchtig. Wie soll man da den Überblick behalten? Wie die Spreu vom Weizen trennen? Wie entscheiden, was zu tun ist?

Die Lösung liegt darin, daß Menschen ihr Denken und Tun ordnen. Sie sprechen quasi mit sich selbst, stellen sich Fragen, geben sich Anweisungen und fertigen gleichsam ein Protokoll über ihre Überlegungen an. Sie verhalten sich faktisch so, als würden sie einer anderen Person gegenüberstehen, die sie etwa

- fragen: »Was willst du erreichen?«
- anweisen: »Langsam, der Reihe nach!«
- anfeuern: »Klar, das klappt!«
- beruhigen: »Du hast schon andere Dinge geschafft!«
- an Vorerfahrungen erinnern: »Das Problem kennst du schon, denk mal nach, was dir dazu einfällt!«

Das hilft, schwierige Entscheidungen zu treffen und die Dinge verläßlich zu regeln.

Kinder lernen im Verlauf ihrer Entwicklung, solche Selbstanweisungen zu nutzen. Vom 5. Lebensjahr an gebrauchen sie solche Selbstanleitungen immer intensiver. Sie übernehmen dabei einfach die Dinge, die man ihnen bisher gesagt hat, quasi als eigene innere Stimme. Später kommen dann Strategien dazu, die auf Erfahrungen beruhen; etwa Strategien zum Lernen oder zum Klären von Meinungsverschiedenheiten.

Aufmerksamkeitsgestörte Kinder nutzen dieses Denken über das Denken viel zuwenig. Deshalb ist es nützlich, wenn man sie gezielt dazu anleitet, sich Fragen zu stellen, sich selbst Anweisungen zu geben und ihre Vorerfahrungen einzusetzen.

Kinder mit einer Aufmerksamkeitsstörung haben große Schwierigkeiten, ihr Verhalten zu organisieren. Dies liegt einfach daran, daß sie meistens schon aufgrund ihres ersten Impulses loslegen. Wer aber komplizierte Dinge tun will, muß kurz innehalten, nachdenken, überlegen, wie er zum Ziel kommen kann. Weil diese Kinder das nicht tun, lernen sie auch nur sehr begrenzt aus ihren Erfahrungen. Sie gehen deshalb immer wieder weitgehend unbedarft an dieselben Probleme heran, so daß sich ein regelrechter Teufelskreis eröffnet: Das aufmerksamkeitsgestörte Kind reagiert impulsiv, denkt fast gar nicht (metakognitiv) über sein eigenes Verhalten oder seine Gedanken dabei nach, handelt deshalb ziemlich willkürlich und voreilig und erlebt Mißerfolg. Da sich das fortlaufend wiederholt, macht es bestimmte Fehler immer wieder. Diesen Ablauf kann man beispielsweise beim Lösen von Aufgaben aber auch beim Umgang mit Gleichaltrigen beobachten (vgl. das folgende Beispiel).

Tobias, die Mathematikarbeit und die anderen Kinder

Tobias, der die 3. Klasse Grundschule besucht, hat in der Mathematikarbeit eine 4 geschrieben. In der Arbeit ging es um Additions- und Subtraktionsaufgaben, Aufgaben, die Tobias eigentlich beherrscht. Auf dem Blatt kann man sehen, daß er mit den einfacheren Aufgaben angefangen hat. Die erste, eine Additionsaufgabe, hat er richtig gelöst. Dann hat Tobias vergessen, »genau hinzuschauen«, er hat einfach alle Zahlen addiert, obwohl er auch einige subtrahieren sollte. Diese Fehler hat er auch hinterher nicht bemerkt, weil er seine Aufgaben nicht kontrolliert hat. Die mangelnde Organisation seiner Handlungen und Gedanken hat ihm also die 4 eingebracht, nicht seine Fähigkeiten in Mathematik.

Auch im Umgang mit anderen wirkt sich die mangelnde Organisation des eigenen Verhaltens sehr ungünstig aus: Tobias fühlt sich sehr rasch angegriffen. Wird er beim Spiel mit einem anderen Kind unbeabsichtigt angerempelt, reagiert er sofort aufbrausend, indem er laut schimpfend (»Du Depp!«) in Position geht. Das andere Kind fühlt sich jetzt natürlich »angemacht«, reagiert unwirsch (»Selber Depp!«), und Weiterspielen ist vorläufig nicht mehr möglich. Besser wäre es gewesen, wenn Tobias einen Moment innegehalten und für sich geklärt hätte, was es mit dem Anrempeln auf sich hat. Gegebenenfalls hätte er mit einem Scherz reagieren können (»Du bist heute aber breit!«).

Ihr Verhalten den Erfordernissen angemessen zu organisieren, schaffen aufmerksamkeitsgestörte Kinder selten ohne fremde Hilfe. Meistens brauchen sie intensive Unterstützung, häufig auch direkte Anleitung. Sie lernen wenig, wenn man ihnen die Dinge nur erklärt. Besser ist es, wenn man sie zu »inneren Selbstgesprächen« ermuntert, die ihnen erlauben, ihr Verhalten immer eigenständiger zu planen und zu regeln.

Die Reaktion der Umwelt

Fast immer ist das Bild recht unerfreulich, das sich die Mitmenschen von dem aufmerksamkeitsgestörten Kind machen, haben sie doch meist nur ungünstige, belastende, anstrengende Erfahrungen mit ihm gemacht. Selbst die Eltern bleiben von negativen Gefühlen nicht ausgenommen. Allzu oft sind sie besonders in Streß-Situationen von Ärger, Enttäuschung und Zweifeln beherrscht. Nach und nach wird es auch für sie immer schwieriger, die positiven Seiten an ihrem Kind in den Mittelpunkt zu stellen.

Die Personen im Umfeld des Kindes sind also recht »vorbelastet«. Aufgrund ihrer wiederholt unangenehmen Erfahrungen reagieren sie weniger freundlich und sind innerlich schon auf der Hut vor neuerlichen »Katastrophen«. Das Kind spürt aber sehr genau, wie es gesehen wird. Tadel, Mißbilligung und genervte Reaktionen sind nicht zu ignorieren. Es kann nicht übersehen, daß die anderen Kinder keine Lust haben, mit ihm zu spielen, die Eltern es ständig mahnen und bestrafen, der Lehrer seine Eskapaden mit resigniertem Ärger kommentiert. Diese Erfahrungen prägen auch das Kind: Es übernimmt die ungünstigen Erwartungen und sieht sich allmählich ebenfalls negativ. Dies ist natürlich keine günstige Ausgangslage für seine weitere Entwicklung. Das Kind ist jedoch bestrebt, diese Situation zu verändern. Aber bei seiner eingeschränkten Fähigkeit, hier tatsächlich etwas zu bewegen, steigt auch das Risiko für weitere Fehlentwicklungen.

Das Kind sucht nach einer Lösung

Begreiflicherweise hat das Kind den Wunsch, seine unglückliche Situation zum Besseren zu wenden, damit es mehr Liebe und Anerkennung erhält. Es wird – je nach Temperament – unterschiedliche Wege einschlagen (etwa sich zurückziehen oder eher aggressiv reagieren). Da es in einer ungünstigen Ausgangsposition ist, zudem noch keine große Lebenserfahrung hat, ist das Risiko, daß es dabei ungünstige Wege beschreitet, naturgemäß sehr groß. Das ist der Ausgangspunkt für die negativen Folgen seiner Grundstörung, die bei fast allen aufmerksamkeitsgestörten Kindern beobachtet werden.

- Aggressives Verhalten: »Auch ich bin stark und mächtig.« Viele der aufmerksamkeitsgestörten Kinder (ca. 60 Prozent) entwickeln im weiteren Verlauf der Aufmerksamkeitsstörung aggressives Verhalten.
- Trotzverhalten: »Ich bin gegen alles.« Dieses Verhalten gilt als eine der dramatischsten Problemverschärfungen. Das Kind lehnt sich ganz bewußt gegen Autoritäten (Eltern, Lehrer, ältere Geschwister) und allgemein verbindliche Regeln auf. Es reagiert beispielsweise schnell ärgerlich, streitet sich häufig mit Erwachsenen, widersetzt sich ihren Anweisungen und Regeln, ärgert andere absichtlich etc. In einer großangelegten (kanadischen) Studie zeigte sich, daß 43 Prozent der aufmerksamkeitsgestörten Kinder zu dieser Verarbeitung neigten (Szatmari, Offoerd und Boyli 1989).
- Herumkaspern: »Ich bin der Clown und kann euch alle zum Lachen bringen.« Das Kind beginnt, herumzukaspern und in allen möglichen Situationen Unsinn zu machen, um die anderen zum Lachen zu bringen. Damit versucht es vor allem, die heiß begehrte Akzeptanz und Achtung der anderen Kinder zu gewinnen.
- Abwerten: »Der Quatsch interessiert mich ja überhaupt

nicht.« Um sich selbst zu schützen, fangen einige aufmerksamkeitsgestörte Kinder an, alles abzuwerten, was mit Leistung zusammenhängt. Sie tun so, als ob sie sowieso alles blöd fänden und nun wirklich kein Interesse daran hätten, Fußball zu spielen oder bei einem Quiz mitzumachen oder sich sonstwie mit anderen Kindern zu messen. Die Kinder, die mitmachen, sind natürlich alle »beschränkt«.

- Stimmungsschwankungen: »Mal bin ich himmelhoch jauchzend, mal zu Tode betrübt.« Sehr große Stimmungsschwankungen sind aufgrund ihrer täglichen schlechten Erfahrungen mit Familie, Schule und Gleichaltrigen für viele aufmerksamkeitsgestörte Kinder typisch. Oft genug erzeugt eine eher nebensächliche Sache, die als Kränkung erlebt wird, einen »Gefühlsabsturz«.

- Rückzug: »Ich bin das Blümchen Rühr-mich-nicht-an.« Diese Kinder fallen fast niemandem auf, sie wollen nirgendwo mitmachen, sind still, stehen meist in irgendeiner Ecke und scheinen fast nicht existent zu sein. Sie ziehen sich aus den Bereichen des Lebens zurück, in denen vermeintliche »Gefahren« drohen. Davon sind meist nur die Kinder betroffen, die nicht überaktiv, sondern träumerisch und trödelig sind. Bei etwa einem Drittel der aufmerksamkeitsgestörten Kinder geht dieser Rückzug sogar so weit, daß man sie als traurig-depressiv bezeichnen kann (Anderson, Williams, McGee und Silva 1987).

- Ängste und Phobien: »Meine Umwelt ist bedrohlich.« Eine weitreichende Ängstlichkeit und Angstanfälle in bestimmten Situationen sind auch mögliche Folgen einer als »gefährlich« erlebten Umwelt. Dies wird bei bis zu 27 Prozent der aufmerksamkeitsgestörten Kinder festgestellt (Anderson, Williams, McGee und Silva 1987; Munir, Biederman und Knee 1987).

Zur Aufmerksamkeitsstörung kommen also zusätzliche Schwierigkeiten hinzu, die dem Kind sowie dessen Eltern und Lehrern weitere Probleme machen.

6 Was Eltern im Alltag tun können

Es läßt sich erstaunlich viel bewegen, wenn Eltern die Initiative ergreifen und den Alltag so auf das aufmerksamkeitsgestörte Kind ausrichten, daß absehbare Probleme vermieden werden. Maßnahmen, die die Familie wieder mehr zusammenbringen und so das Zusammenleben erfreulicher machen, sind dabei ebenso wichtig, wie das Kind vorrangig mit Lob und Belohnung anzuleiten und Verbindlichkeiten in der Familie herzustellen. Ganz speziell geht es in diesem Kapitel auch um die besonders beanspruchten Mütter und Möglichkeiten, sie zu entlasten.

Worum es geht, liegt auf der Hand: Die Ausbrüche des Kindes und seine heftigen Reaktionen zerren an den Nerven. Die tagtäglichen kleinen und größeren Schwierigkeiten machen mürbe. Die Familie ist gereizt und das Zusammenleben oft wenig harmonisch.

Die Eltern stehen unter Streß – besonders betroffen ist in der Regel die Mutter. Allzu vieles stürmt auf sie ein. Oft genug haben die Mütter das Gefühl, mit dem Rücken zur Wand zu stehen und nur noch auf all die mehr oder weniger unvorhergesehenen Schwierigkeiten reagieren zu können (vgl. »Tagesablauf mit einem aufmerksamkeitsgestörten Kind«). Schließlich liegen noch andere Dinge an: Der Beruf verlangt Einsatz und Zeit, die Geschwister sollen auch zu ihrem Recht kommen, der Haushalt muß organisiert werden, und etwas Freizeit wäre ja auch nicht schlecht.

Was kann man da tun? Eine Lösung lautet: *agieren statt reagieren!* Es gilt, Strategien zu entwickeln, die solchen Schwierigkeiten zuvorkommen, den Kurs bestimmen und verhindern, daß einen die Alltagsschwierigkeiten überrollen. Das kann man lernen, und wenn die Familie solche Strategien erst einmal etabliert hat, klappt es im Lauf der Zeit immer besser.

Agieren statt reagieren nützt aber auch dem aufmerksamkeitsgestörten Kind: Es wird nicht nur weniger Mißerfolge haben und seltener in Schwierigkeiten geraten, sondern auch mit den anderen besser zurechtkommen, erfolgreicher sein und mehr Selbstvertrauen fassen. Grundlage dafür ist eine gute, vertrauensvolle Beziehung zum Kind, an der es zunächst oft genug fehlt.

Tagesablauf mit einem aufmerksamkeitsgestörten Kind

Wiederholtes Wecken. *Dennis kommt schwer auf die Beine. Nach dem Aufstehen spielt er, statt ins Bad zu gehen. Die Mutter muß ihn immer wieder mahnen und drängen, damit Waschen, Zähneputzen, Anziehen erledigt werden. Aus dem Bad hört man das Kind schimpfen und poltern.*

Endlich am Frühstückstisch. *Dennis läßt beim Safteingießen das Glas überlaufen, springt auf, reißt Teller und Besteck mit, der Saft schwappt über Tisch und Hose, er bekommt einen Wutanfall.*

Mit Blick auf die Uhr versucht die Mutter den Schaden zu begrenzen und das Kind zu beruhigen, was nur mühsam gelingt. Die Zeit wird knapp. Bald beginnt die Schule.

Es stellt sich heraus, daß der Turnbeutel noch fehlt. Dennis fällt das erst im letzten Moment ein. Außerdem sind die Handschuhe unauffindbar. Er will auch noch Spielzeug einpacken. Die Mutter hält den Jungen mühsam davon ab. Wo ist der Turnbeutel? Suchen als Dauerzustand. Die Mutter versucht, Ruhe und Überblick nicht zu verlieren.

Als Dennis endlich geht, ist sie zum ersten Mal erschöpft. »Warum geht nichts einfach so? Warum dieser endlose Hindernislauf?« denkt sie.

Am späten Vormittag ein Anruf aus der Schule: »Holen Sie Ihren Sohn ab, wir können ihn nicht mehr hierbehalten.« Wöchentlich ein- bis zweimal kommen diese Anrufe, was bedeutet, Pläne zu ändern, loszufahren. Das Kind wartet im Schulse-

kretariat. *Es sieht blaß aus. Auf dem Heimweg schimpft es: »Die anderen haben ...«*

Während die Mutter telefonisch einen Termin verlegen will, redet Dennis unablässig dazwischen. Er soll in sein Zimmer gehen. Als die Mutter zum Essen ruft, sieht es dort aus wie nach einem Bombeneinschlag. Die Mutter hat Schwierigkeiten, Ruhe zu bewahren.

Mittagessen. *Bei Tisch hängt Dennis schlaff auf dem Stuhl, redet unablässig, ißt langsam, kommt mit dem Besteck nicht zurecht. Die Mutter muß immer wieder eingreifen, damit nichts um- oder hinunterfällt.*

Hausaufgaben. *Kind und Mutter sind angespannt. Es ist die schwierigste Stunde des Tages. Dennis geht mit dem Stift sehr ungeschickt um, er hat sichtbar Mühe, Buchstaben und Zahlen richtig zu Papier zu bringen, schweift ständig ab, bleibt nicht bei seiner Arbeit. Nach einer Stunde gibt die Mutter entnervt auf, die Hausaufgaben sind wieder unvollständig. Die Mutter bittet die Lehrerin im Mitteilungsheft um ein Gespräch. Sie möchte mit ihr wegen der Menge der Aufgaben und der Zeit für Hausaufgaben reden. Das Mitteilungsheft ist voller Eintragungen, eine endlose Mängelliste.*

Die beiden nehmen ihre Fahrräder und wollen zum Baden. Dennis fährt im Zickzack, viel zu schnell, schaut in der Gegend umher und nicht auf den Radweg. Die Mutter ist froh, als sie endlich die verkehrsreiche Straße verlassen können.

Dennoch fröhliche Laune bei beiden, gemeinsame Unternehmungen machen am meisten Spaß. Der Junge redet und fragt voller Neugier, steckt die Mutter mit seiner Entdeckerfreude an.

Abendessen. *Danach Ranzenpacken. Es zeigt sich, daß wieder die Hälfte der Arbeitsutensilien verschwunden ist.*

Das Aufräumen *macht die Mutter überwiegend selbst, damit weitere Kämpfe vermieden werden. Außerdem geht viel kaputt, wenn Dennis mithilft.*

Die Aussicht auf das Vorlesen hilft, daß der Junge im Bad schneller fertig wird als am Morgen. Für die letzte Stunde des

Tages hat sich ein fast ritueller Ablauf eingespielt. Mutter und Kind genießen es; dennoch kommt das Kind danach nicht zur Ruhe. Dennis schläft erst nach 23 Uhr ein.

Die Beziehung verbessern

Die Beziehung zwischen einem aufmerksamkeitsgestörten Kind und seinen Eltern ist häufig nicht nur angespannt, sondern erheblich belastet. Hierauf hat vor allem Barkley (1990), ein amerikanischer Arzt aus Massachusetts, hingewiesen, der sich sehr intensiv mit den Problemen dieser Kinder beschäftigt hat. Machtkämpfe, Wutausbrüche und Trotzen des Kindes sowie die genervten Reaktionen der Eltern kennzeichnen auch die Beziehung (vgl. »Bestrafst du mich, bestraf ich dich!«). Typisch dafür ist ein Beziehungsmuster, bei dem sich Eltern und Kind wechselseitig zum Wohlverhalten zu zwingen versuchen: Die Eltern wollen beispielsweise, daß das Kind beim Essen ruhiger und gelassener ist. Also achten sie vor allem darauf, was ihnen *nicht* gefällt, tadeln das Kind für sein Fehlverhalten und ermahnen es. Das Kind kann den Wünschen der Eltern aber kaum nachkommen, und die Eltern verstärken den Druck. Wenn das Kind dann letztlich doch ihren Wünschen nachkommt, halten die Eltern das für so selbstverständlich, daß sie es nicht mehr dafür loben. Dadurch bleiben die positiven Ansätze im Verhalten des Kindes unbeachtet. Umgekehrt stört das Kind so lange, bis die Eltern nachgeben, wenn es seinerseits Wünsche erfüllt sehen möchte. Im ersten Fall erzwingen die Eltern ein bestimmtes Verhalten, im zweiten Fall tut es das Kind. Das Ergebnis: Eltern und Kind haben sich die ganze Zeit über wechselseitig bestraft.

»Bestrafst du mich, bestraf ich dich!«
Konflikte und kein Ende

Die Eltern des neunjährigen Jan wissen sich nicht mehr zu helfen. Seit dem Kleinkindalter können sie sich an kein ruhiges Wochenende mehr erinnern. Es vergeht kein Tag ohne Streit und Trotz. Machtkämpfe, lange und laute Wutausbrüche sind an der Tagesordnung. Um Jan wenigstens zu den allernotwendigsten Dingen zu bewegen wie Hausaufgaben erledigen oder sich waschen, haben sie mit der Zeit zu immer härteren Strafen gegriffen. Die üblichen Maßnahmen wie Fernsehverbot haben schon längst ihre Wirkung verloren. In letzter Zeit hilft nicht einmal mehr Zimmerarrest. So haben sie sogar schon des öfteren »handfest« gestraft.

Jans Eltern haben das Gefühl, daß ihnen ihr Sohn zusehends entgleitet; er wirkt unnahbar und ist sehr launisch. Er scheint gar nichts mehr ernst zu nehmen und Strafen immer weniger zu fürchten. Sie haben den Eindruck, er lege es inzwischen regelrecht darauf an, daß sie die Beherrschung verlieren.

Die Eltern sagen über sich selbst, daß sie von ihrem Kind so gefordert werden und so gereizt sind, daß sie sich mittlerweile über alles und jedes aufregen. Auf die Frage, was ihnen eigentlich an ihrem Kind gut gefällt oder Freude bereitet, fällt beiden zunächst nichts ein. Später meinen sie, daß Jan recht witzig sein könne. Aber eigentlich würden sie nur noch mit weiteren Problemen rechnen und nichts Positives erwarten.

Es ist klar, dieses Beziehungsmuster schadet beiden: Die Eltern sind auf das Fehlverhalten des Kindes fixiert, das Kind findet keine wirkliche Hilfe, die Beziehung zwischen beiden ist angespannt und gereizt. Man muß sie auf eine neue Basis stellen und eine tragfähige, vertrauensvolle Grundlage schaffen. Wie kann das geschehen?

Eine sehr einfache, aber dennoch sehr wirksame Möglichkeit ist, daß sich Eltern und Kind in einer entspannten und positiven

Atmosphäre begegnen. Sie können sich dabei von einer anderen Seite kennenlernen und die Erfahrung machen, daß das Miteinander harmonisch sein kann. In der Regel entwickelt sich daraus sehr rasch eine positive Beziehung zwischen Eltern und Kind.

Vereinbaren Sie von nun an *zusätzlich* zu den bisher selbstverständlichen Aktivitäten (wie etwa dem Kind beim Zubettbringen Zeit zu widmen), mit dem Kind *täglich* zusammen zu spielen. Nehmen Sie sich *20 bis 30 Minuten* Zeit, um sich intensiv mit Ihrem Kind zu beschäftigen. Diese Spielzeit ist ganz für das Kind reserviert. Geschwister, andere Kinder oder Erwachsene sollten *nicht* dabei sein. Sie können eine bestimmte Uhrzeit vereinbaren oder die Spielzeit flexibel anberaumen, wenn sie gerade in den Tagesablauf paßt. Wichtig ist nur, daß keine gereizte Stimmung herrscht und kein Streit unmittelbar vorausging.

Welche Regeln für die Spielzeit wichtig sind, wird in Anhang H dargestellt.

Bei etwas älteren Kindern (ab 12 oder 13 Jahren) wird diese Spielzeit ein wenig variiert. Setzen Sie sich zu Ihrem Kind, wenn es gerade Musik hört oder in entspannter Stimmung ist. Hören Sie ihm zu, wenn es Ihnen etwas erzählt, und erzählen Sie von sich (z. B. was Sie gerade beruflich erleben). Vermeiden Sie aber, Ihr Kind dabei zu belehren oder auszuhorchen. Diese Zeit sollte nur Ihrem Kind gehören, und es sollte Gelegenheit haben, selbst zu bestimmen, worüber es mit Ihnen reden möchte und wie lange. Wichtig ist, daß das Kind merkt, daß Sie ihm jeden Tag »seine Zeit« widmen und daß die Ereignisse des Tages daran nichts ändern, mögen sie noch so unerfreulich gewesen sein.

Lob und gemeinsames Spiel schaffen eine entspanntere und unverkrampftere Atmosphäre und wecken ein neues Bewußtsein. Vielen Eltern sind die positiven Seiten ihres Kindes gar nicht mehr bewußt. Das ändert sich jetzt insofern, als die Eltern sehen, daß das Kind auch anders sein kann. Es ist eben nicht mehr nur schwierig und störend, sondern auch anschmiegsam, interessiert und liebenswert.

Die gemeinsame Spielzeit verändert auch das Verhalten des

Kindes. Fand es bisher nur dann die Aufmerksamkeit der Eltern, wenn es störte, so macht es jetzt die Erfahrung, daß es einfach so und ohne Vorbehalte angenommen und geschätzt wird.

Erfahrung mit der Spielzeit

Frau S., als Bankangestellte tätig, zwei Kinder im Alter von 9 bzw. 2 Jahren, klagt sehr über das unstete, widerspenstige, trotzige und zumeist aggressive Verhalten ihres älteren Sohnes Tobias. Sie hat in der Vergangenheit bereits verschiedene Maßnahmen ergriffen (medikamentöse Therapie mit Ritalin, Besuche beim Kinderarzt) und erwägt jetzt die Vorstellung des Kindes in einer psychiatrischen Klinik. Sie schildert, daß die Atmosphäre in der Familie äußerst angespannt sei, da ihr Mann nur wenig mit seinem Stiefsohn Tobias anfangen könne. Beide seien »wie Hund und Katz«.

Frau S. wird zu Beginn der Behandlung empfohlen, mit dem Kind eine Spielzeit einzurichten. Sie berichtet als ihre ersten Erfahrungen, daß sie dem Kind abends länger etwas vorgelesen und mit ihm Lego gespielt habe. Die gemeinsame Zeit mit ihrem Sohn habe beiden sehr gutgetan. Sie habe gar nicht gewußt, daß ihr Sohn so anhänglich und umgänglich sein könne. Sie habe wieder Seiten an ihm erkannt, die sie ganz vergessen hatte. Sie sei emotional sehr berührt und auch ein klein wenig beschämt gewesen. In der Folge sei einiges auch schon besser gelaufen. Sie habe das Gefühl, daß Tobias sich nicht mehr so leicht aufrege. Aber auch sie habe mehr Spielraum und reagiere nicht auf jede Kleinigkeit.

Frau S. verschweigt auch nicht, daß es immer noch Probleme in der Familie – Tobias hat Schwierigkeiten, Anweisungen zu befolgen, und streitet sich mit dem kleinen Bruder – und in der Schule gibt.

Hinter dem Kind stehen

Es gibt viele Klagen über das Kind und eine Menge Schwierigkeiten. Fast könnte man darüber den Mut verlieren.

Aufmerksamkeitsgestörte Kinder brauchen – wie alle Menschen – jemanden, der hinter ihnen steht, ihnen Mut macht, über ein Tief hinweghilft. Jemanden, der ihnen sagt, daß sie nicht ungeschickt, nervig, tolpatschig, dumm oder störend sind. Dies dürfte eine der wichtigsten Botschaften sein, die wir aufmerksamkeitsgestörten Kindern vermitteln können.

Eine konsequente Unterstützung ist wichtig; ebenso das Verständnis, daß die Entwicklung des Kindes oft verlangsamt und sprunghaft verläuft und daß Erfolge nicht unmittelbar und automatisch zu erwarten sind. Tatsächlich muß häufig damit gerechnet werden, daß sich positive Veränderungen mit Verzögerung einstellen.

Alle Berichte von Erwachsenen, die als Kinder unter den typischen Aufmerksamkeitsstörungen gelitten haben, belegen, wie wichtig es für ihren Lebensweg war, daß jemand an sie glaubte, sie trotz der bestehenden Beeinträchtigungen ermutigte, momentane Schwierigkeiten relativierte, ihre Stärken ins Spiel brachte und sie nicht nur als schwierig ansah. Für die Eltern ist das selbstverständlich, und es sollte auch für Lehrer, Erzieher, Verwandte, Nachbarn und alle jene verpflichtend sein, die längere Zeit mit dem aufmerksamkeitsgestörten Kind verbringen.

Norbert, 25 Jahre, als Kind aufmerksamkeitsgestört

»Ich war als Kind unheimlich flippig. Ständig gab es Zoff mit meinen Schulkameraden, den Lehrern und den Nachbarskindern. Auch in der Schule lief es selten mal gut. Ich wurde sogar einmal in eine andere Schule versetzt, weil die Eltern der anderen Kinder Stimmung gegen mich gemacht hatten. Mit meiner Leistung in der Schule war es nicht so besonders, so daß aus dem geplan-

73

ten Realschulabschluß nichts wurde und ich jetzt nur den Haupt-
schulabschluß habe.

Meinen Eltern wurden fast ständig und von allen Seiten Vorwürfe gemacht, von den Lehrern sowieso, aber auch von den Verwandten und den Eltern der anderen Kinder. Meine Eltern sind
einfache Leute und konnten dem nicht so viel entgegensetzen. Sie
mochten mich aber trotz aller Schwierigkeiten. Mein Vater sagte
immer: ›Wenn es mit dem Realschulabschluß nichts wird, dann
wirst du eben Maurer oder Tischler, das sind auch ehrbare
Berufe.‹ Meine Mutter konnte nie ganz glauben, was die anderen
über mich berichteten, und hielt dem entgegen, daß sie sich nicht
über mich beschweren könne.

Das hat mir sehr geholfen, und irgendwann hat mich der Ehrgeiz gepackt, das Vertrauen meiner Eltern nicht zu enttäuschen.«

Eine stabile innere Einstellung gewinnen

Wenn man Tag für Tag mit einem aufmerksamkeitsgestörten
Kind zu tun hat, braucht man eine gewisse innere Stabilität
sowie eine eigene Haltung dazu, wie die Probleme zu sehen
sind und was dem Kind und der Familie gut tut. Alle Erfahrungen lehren, daß es die Fähigkeit der Eltern verbessert, mit ihrem
»Problemkind« umzugehen, wenn sie folgende Verhaltensregeln
beachten:

● Sehen Sie das Problemverhalten des Kindes als objektive
  Schwierigkeit und begründen Sie es auch so.
● Gehen Sie von Grundprinzipien aus (etwa daß Strukturierun-
  gen wichtig sind, Lob und Anerkennung gezielt eingesetzt
  werden sollten).
● Richten Sie Ihr Augenmerk auf einige wichtige Verhaltens-

weisen, und lassen Sie anderes problematisches Verhalten mal durchgehen.

- Setzen Sie Ihre Energie dafür ein, daß dem Kind wichtige Dinge (etwa Schulbesuch, passende Freunde finden) gelingen, und nicht dafür, das Problemverhalten des Kindes zu bekämpfen.
- Versuchen Sie, Humor und Überblick zu bewahren.

Je einvernehmlicher diese Positionen von beiden Elternteilen, aber auch von anderen Nahestehenden des Kindes vertreten und gelebt werden können, desto günstiger wird es für das aufmerksamkeitsgestörte Kind sein.

Einen Rahmen schaffen

Strukturieren ist wohl eines der wichtigsten Dinge im Zusammenleben mit einem aufmerksamkeitsgestörten Kind. Es bedeutet: Klarheit schaffen, Regelungen treffen, Abläufe planen, Routinen einrichten. Das sind Dinge, die sowohl für das Kind als auch für die Eltern von Vorteil sind, weil ein fester Rahmen das Zusammenleben erleichtert und mögliche Schwierigkeiten verringert.

Strukturierungen sind allerdings – und das ist ihr Sinn – auch bindend, sowohl für das Kind als auch für die Eltern. Die Eltern müssen dafür beispielsweise ihren Teil beim Zu-Bett-geh-Ritual einlösen (z. B. gemeinsames Abendessen, eine Gutenachtgeschichte vorlesen); gleichzeitig müssen sie dafür sorgen, daß das Kind die getroffene Regelung auch einhält und sie nicht von Tag zu Tag aufweicht.

Im folgenden werden die wichtigsten Strukturierungen besprochen.

Abläufe strukturieren, handfeste Routinen entwickeln

Viele Schwierigkeiten mit aufmerksamkeitsgestörten Kindern ergeben sich daraus, daß unvorhergesehene Dinge passieren und die Probleme eskalieren. Das liegt z. T. daran, daß kein festes Gerüst gegeben ist, das diese Kinder brauchen. Aber auch für die Eltern ist es gut, wenn klar ist, was wann und nach welchen Regeln abläuft. Routinen sind wichtig für:

- Aufstehen und Ankleiden (z. B. das Kind frühzeitig zu einer vereinbarten Zeit wecken; die Kleidung bereitlegen; nach einem festgefügten Muster frühstücken und ins Bad gehen)
- das Mittagessen (z. B. das Mittagessen zu einer festen Zeit einnehmen; zuvor einen bestimmten Ablauf einhalten, etwa Jacke an der Garderobe ablegen, Schulranzen im Kinderzimmer abstellen, sich wechselseitig über Geschehnisse austauschen)
- die Hausaufgaben (z. B. die Hausaufgaben zu einem bestimmten Zeitpunkt machen, vorher über die anstehenden Aufgaben sprechen, einen gemeinsamen Plan dafür erarbeiten; vereinbaren, wie lange das Kind arbeiten soll; vereinbaren, ob die Mutter dabeisein soll bzw. auf Nachfrage bestimmte Hilfen geben soll)
- das Zubettgehen (z. B. zu einem vorgegebenen Zeitpunkt zu Bett gehen; das Zubettgehen vorbereiten, etwa vorher gemeinsam essen, sich vorher etwas erzählen, eine Geschichte vorlesen, ins Bad gehen)
- die Strukturierung des Tagesablaufs (z. B. klären, wann das Kind für sich allein spielen kann, wann Freunde kommen können, wann telefoniert werden soll. Wann soll das Kind vom Spielen nach Hause kommen? Wann wird zu Abend gegessen?)

Je besser es gelingt, solche Routinen zu entwickeln und in den Alltag einzubeziehen, desto weniger Schwierigkeiten werden auftreten. Solche Festlegungen geben dem Kind einen Rahmen, in dem es sich sicherer bewegen kann. Den Eltern wird der Alltag dadurch erleichtert, so daß sie klarer entscheiden und besser planen können.

Strukturierung und feste Routinen in Benjamins Tagesablauf

»Unser jüngster Sohn ist ein Kind, das ›besondere Anforderungen‹ stellt«, erzählen Benjamins Eltern. »Klarheit und das Einhalten von wenigen, aber sehr festen Regeln ist bei ihm viel wichtiger als bei seinen älteren Geschwistern. Bei denen konnte man schon mal ein Auge zudrücken … Aber Benjamin braucht eine kurze Leine. Es fiel schon sehr früh auf, daß er mit Veränderungen und Unregelmäßigkeiten nur schwer klarkommt. So ist zum Beispiel sein ganzer Tag verdorben, wenn wir ihn plötzlich mit der Nachricht ›überfallen‹, daß wir einen Stadtbummel vorhaben. Er muß immer ein bißchen Zeit haben, sich auf solche Unternehmungen einzustellen. Wir besprechen deshalb ganz genau mit ihm, was wir von ihm erwarten, was er tun darf und was auf ihn zukommt. Wenn wir das tun, stehen unsere Chancen ganz gut, daß auch ein längerer Verwandtenbesuch oder der Wochenendausflug ohne Spektakel verläuft.

Am besten kommen wir zurecht, wenn er im einzelnen weiß, wie sein Tag aussehen wird, was alles geplant ist und in welcher Reihenfolge. Deshalb versuchen wir, den Tagesablauf immer möglichst ähnlich zu gestalten. So ist es ganz wichtig, tägliche Routinen einzuhalten, Handlungen, die immer nach demselben Muster ablaufen und über kurz oder lang zu guten Gewohnheiten werden, zum Beispiel morgens: zuerst die Kleidung herauslegen, dann duschen, dann anziehen. Wenn das alles erledigt ist, können wir in Ruhe gemeinsam frühstücken, danach müssen die Zähne geputzt werden, und schließlich kann er dann noch zehn Minuten mit den Rennautos spielen – aber nur, wenn alles andere geklappt hat!

Jetzt fällt es dem Benni sogar schon ein bißchen leichter, einfache Tätigkeiten außer Haus alleine ›geregelt zu kriegen‹.«

Mehr Verbindlichkeit in der Familie schaffen

Wie wichtig familiäre Strukturen für das Verhalten des Kindes sind, geht bereits daraus hervor, daß es weniger Schwierigkeiten gibt, wenn zwei Personen (Vater und Mutter) anwesend sind. Ist das aufmerksamkeitsgestörte Kind dagegen nur mit einem Elternteil zusammen, geht es meist turbulenter und konfliktreicher zu. Besonders dann, wenn es um die wenig beliebten Alltagsdinge geht wie Hausaufgaben machen, Zimmer aufräumen, sich waschen, im Haushalt helfen. Wundern Sie sich also nicht, wenn Ihr Kind weit unauffälliger und zugänglicher ist, sobald beide Eltern da sind (etwa am Wochenende, am Abend). Mit Sicherheit liegt es nicht daran, daß der eine Elternteil weniger gut mit dem Kind umgehen kann, sondern einfach daran, daß zwei Personen besser den Rahmen bilden, den Kinder brauchen.

Geschwisterkonflikte

Die Geschwister aufmerksamkeitsgestörter Kinder sind natürlich auch von den Problemen betroffen:
Sie kommen oft zu kurz, weil das aufmerksamkeitsgestörte Kind soviel Aufmerksamkeit, Kraft und Zeit der Eltern beansprucht.

Sie sind oft genug Adresse der heftigen Reaktionen des aufmerksamkeitsgestörten Kindes, was natürlich zu Streit und Konflikten führt und Unfrieden in die Familie hineinträgt.

Die Reaktionen der Geschwister sind sehr unterschiedlich. Manche haben ein sehr distanziertes Verhältnis zu dem aufmerksamkeitsgestörten Kind; andere nehmen die genaue »Gegenrolle« ein: Sie sind dann geradezu perfekt in der Schule, pflegeleicht zu Hause, interessiert, aufgeschlossen und erfolgreich.

Wie es im Einzelfall auch aussieht, Geschwisterkonflikte sind eher die Regel als die Ausnahme. Es wird kaum ein Patentrezept geben, um die Konflikte zu vermindern, die für die Eltern oft sehr belastend sind. Es empfiehlt sich aber, wiederkehrende Konflikte in aller Ruhe zu analysieren, um herauszufinden, woran es liegt, daß sich die Geschwister in die Quere kommen. Wenn den Konflikten immer wieder die gleichen Anlässe zugrunde liegen (etwa Streit ums Spielzeug, Zanken beim Essen), kann man Abläufe und Routinen ändern (etwa die Eßplätze tauschen, beim Streit ums Badezimmer Zeitpläne einführen).

Wenn ein Kind zu kurz kommt, kann man für Interessenausgleich sorgen, indem dieses Kind dann an bestimmten Tagen besonders im Mittelpunkt steht.

Daraus folgt zwingend, daß es gut ist, wenn der Vater (an sich selbstverständlich, leider jedoch nicht immer der Fall) Erziehungsverantwortung übernimmt. Dies ist allein schon deshalb wichtig, weil meist Jungen von der Aufmerksamkeitsstörung betroffen sind und der Vater als positives Beispiel dienen kann. Diese Erfahrungen sprechen ganz klar dafür, daß man besonders über den Zusammenhalt in der Familie und die Verteilung von Verantwortlichkeiten nachdenken soll.

- *Der Vater sollte mehr in die Erziehung des Kindes einbezogen sein.* Setzen Sie sich als Eltern zusammen, und überlegen Sie, ob die Mutter genügend Unterstützung findet und ob sich der Vater nicht intensiver an der Erziehung des Kindes beteiligen sollte.
- *Es sollte gemeinsame Aktivitäten von Vater und Kind geben.* Es wäre gut, wenn der Vater möglichst viel mit dem Kind unternimmt. Besonders wertvoll ist es, wenn Vater und Kind solche Dinge zusammen machen, die die Aufmerksamkeit des Kindes für längere Zeit an eine Sache bindet und die es sonst eher

meidet (z. B. basteln, mit Lego bauen, das Fahrrad reparieren, gemeinsam im Hobbykeller eine kleine Sache planen und bauen, dem Vater bei Arbeiten im Haus oder Garten helfen).

– *Es sollten feste Regeln für das Familienleben gelten.* Überdenken Sie – am besten gemeinsam – wie es in Ihrer Familie läuft, ob es gemeinsame Zeiten und verbindliche Regelungen gibt. Wenn nicht, dann vereinbaren Sie, solche einzuführen (etwa gemeinsames Abendessen, Zubettgeh-Rituale, Unterhaltung, Spiel am Abend, Gestaltung des Wochenendes, Verwandtenbesuche).

Noch ein Wort zu *alleinerziehenden Müttern*: Mit diesen Hinweisen wollen wir ihnen keineswegs ein schlechtes Gewissen machen. Es gibt viele alleinerziehende Mütter, die ihre Aufgabe sehr gut hinbekommen. Wir plädieren hier jedoch dafür, alle sich bietenden Chancen zu nutzen, das Kind zu unterstützen. Und dazu gehört eben – *wo es möglich ist* – die Einbeziehung des Vaters.

Sich auf das Wesentliche konzentrieren

Häufig neigen Eltern dazu, schließlich auf alles und jedes genervt zu reagieren, was »falsch« läuft. Sie sind innerlich alarmiert, nehmen fast nur noch die negativen Ereignisse zur Kenntnis und können gar nicht mehr so genau unterscheiden, worauf es wirklich ankommt und was sie eher mal durchgehen lassen können. Dadurch machen sich allmählich Verdruß und schlechte Laune in der Familie breit. Das Kind erhält fast nur noch dann Beachtung, wenn es Probleme macht.

Durchbrechen Sie diesen Kreislauf und seien Sie allgemein großzügig, in bestimmten Dingen aber absolut konsequent! Wenn man auf jede Kleinigkeit reagiert, verschleißt man sich und läuft der Entwicklung meist hinterher. Schreiten Sie also nur bei wirklich wichtigem und ernsterem Problemverhalten ein! Ihre Hinweise und die Konsequenzen, die Sie setzen, sind dann um so wirksamer. Gehen Sie folgendermaßen vor:

Fragen Sie sich: Worauf kommt es denn tatsächlich an? Was ist wirklich wichtig? Überlegen Sie sich in aller Ruhe, welche Verhaltensweisen des Kindes Sie auf keinen Fall mehr durchgehen lassen wollen und wo Sie noch ein Auge zudrücken können. Machen Sie sich eine Liste, in der Sie die einzelnen problematischen Verhaltensweisen eintragen und mit Punkten von 1 bis 10 bewerten. Je mehr Punkte Sie vergeben, desto wichtiger ist Ihnen das problematische Verhalten (vgl. Anhang I: »Regeln für die Bestimmung von wichtigem Problemverhalten«).

Bleiben Sie gelassen: Manche Dinge muß man an sich ablaufen lassen! Wenn Sie wissen, welche Verhaltensweisen Ihres Kindes Sie *nicht* beachten wollen (z. B. Quengeln, Jammern, Naserümpfen, Schmatzen oder Türenschlagen), können Sie sie auch getrost ignorieren. Sprechen Sie das Kind gar nicht auf diese Dinge an, sondern wenden Sie sich einfach kurz von ihm ab, drehen Sie den Kopf herum, oder stehen Sie auf, um etwas zu holen. Vermeiden Sie dann aber, das Kind bei diesem Verhalten zu ermahnen oder zu schimpfen. Sie durchbrechen den gewohnten Gang der Dinge eher, wenn Sie dem unerwünschten Verhalten des Kindes keine Beachtung mehr schenken. Infolgedessen wird dieses Verhalten in Zukunft auch immer seltener auftreten. Wichtig ist allerdings, daß Sie das Verhalten dann auch konsequent, das heißt *immer*, ignorieren.

Lukas, 6 Jahre, hilft gerade beim Tischdecken. Er bleibt dabei, geht aber auf dem Weg in die Küche und zurück immer wieder mitten durch die Gardine. Seine Mutter ignoriert dieses Verhalten. Sie lobt ihn für seine Ausdauer beim Tischdecken.

81

Weisen Sie das unerwünschte Problemverhalten zurück. Auf Ihrer Liste stehen natürlich auch Verhaltensweisen, die Sie nicht länger hinnehmen wollen. Auf diese Verhaltensweisen sollten Sie von nun an sehr regelmäßig und konsequent reagieren. Dabei ist zu beachten:

● Emotionen außen vor lassen. Versuchen Sie eine möglichst objektive Haltung zu bewahren und sich auf das zu konzentrieren, was hier und jetzt passiert (was irgendwann einmal aus einem Kind werden könnte, das mit 8 Jahren seine Schwester beißt, steht hier nicht zur Debatte).

● Natürliche Konsequenzen setzen. Zum Beispiel kann es der Einsicht des Kindes sehr förderlich sein, wenn es daran beteiligt wird, den von ihm verursachten Schaden zu beheben (etwa die umgestoßene Milch aufzuwischen, das zerbrochene Spielzeug des Bruders vom eigenen Taschengeld zu ersetzen).

● Machen Sie klar, daß Sie ernst meinen, was Sie sagen. Dazu gehört, kurz und eindeutig zu reagieren. Auch die Stimmlage und der Tonfall sollten vermitteln, daß Sie es ernst meinen. Dabei sollten Sie aber nicht laut werden, und Sie sollten Vorwürfe vermeiden.

● Nicht zu oft warnen. Einmal warnen reicht zumeist; Erinnern Sie Ihr Kind nur einmal daran, daß es gegen eine bestehende Regel verstößt – dann folgt eine Konsequenz.
»Du weißt, es gilt bei uns die Regel, daß wir uns nicht an den Haaren ziehen. Wenn du noch einmal deinen kleinen Bruder an den Haaren ziehst, lese ich die Geschichte nicht weiter vor.«
Tut es das Kind trotzdem, wird die Konsequenz gezogen, ohne Diskussion, ohne weitere Erklärung, einfach »weil du gegen die Regel verstoßen hast«.

● Konsequenzen vorher überlegen. Überlegen Sie sich unbedingt vorher, welche Konsequenzen Ihnen bei Regelverstößen verfügbar sind (etwa das Kind für 10 Minuten allein in sein Zimmer schicken, bestimmte Privilegien entziehen: »Kein Eis an diesem Nachmittag«); So vermeiden Sie spontane Reaktionen, die übertrieben und unangemessen ausfallen oder sowieso nicht einzuhalten sind (wie etwa die Geburtstagsfeier ausfallen lassen, eine Woche Fernsehverbot).

● Kritik auf das Verhalten beziehen. Vermitteln Sie Ihrem Kind immer, daß sich Ihre Kritik nicht gegen seine Person richtet. Vermeiden Sie also unbedingt Aussagen wie: »Du bist richtig böse.« Ihr Kind soll verstehen, daß Sie sein *Verhalten* nicht billigen und es keine Angst haben muß, daß Sie es nun nicht mehr lieben.

Wenige zentrale Regeln aufstellen

Stellen Sie Regeln für Dinge auf, die Ihnen wirklich wichtig sind, und geben Sie sie dem Kind sowie der Familie bekannt! Entscheidend ist nicht die Zahl, sondern die Verbindlichkeit der Regeln. Es sollte nur wenige Regeln geben, die aber genau eingehalten werden. Sie sollten wichtige Abläufe (siehe S. 76: »Abläufe strukturieren, handfeste Routinen entwickeln«) und das Zusammenleben in der Familie sowie das soziale Zusammenleben erleichtern. Beispiele für solche Regeln sind:

● zur verabredeten Zeit nach Hause kommen,
● Geschwister nicht verletzen,
● sich nicht anlügen,
● nur bestimmte Fernsehsendungen sehen,
● zu einer verabredeten Zeit ins Bett gehen,
● bei längeren Autofahrten nicht im Auto streiten.

Die Regeln sollten einfach sein, es sollte nicht mehr als fünf davon geben. Wenn das Kind eine Regel nicht einhält, führt das zu verabredeten Konsequenzen (z. B. einen Tag lang nicht fernsehen, wenn es verbotene Sendungen angeschaut hat; keine Gutenachtgeschichte, wenn es zu spät nach Hause kam). Diese

Regeln können auch Teil eines Belohnungssystems sein (siehe Anhang C bis E).

Verbindliche Vereinbarungen

Häufig kommt es zwischen aufmerksamkeitsgestörten Kindern und ihren Eltern zu schier endlosen Diskussionen über die Einhaltung alltäglicher Pflichten. Gerade bei diesen Kindern ist es aber äußerst wichtig, feste Absprachen zu treffen und diese auch tatsächlich einzuhalten. Möglicherweise widerspricht diese Vorstellung Ihren Prinzipien einer freien und demokratischen Erziehung. Konsequenz bedeutet aber nicht Strenge. Sie werden auf diese Weise keineswegs zum »Diktator«, sondern schaffen für Ihr Kind Klarheit, die es zu seiner eigenen Orientierung dringend benötigt. Um dies zu erreichen, sind folgende Schritte von Bedeutung:

An bestehende Regeln erinnern. Verhandeln Sie mit Ihrem Kind nicht über bestehende Regeln und Abmachungen, sondern weisen Sie nur auf eine verbindliche Vereinbarung hin. Ein Beispiel dafür ist das Zubettgehen. Ein Dialog, der auf bestehende Vereinbarungen hinweist, könnte so aussehen:

> *Mutter:* »*So, jetzt ist mit dem Fernsehen Schluß!*«
> *Sarah:* »*Nein! Es ist gerade so spannend. Nur noch ein paar Minuten ...*«
> *Mutter:* »*Wir haben ausgemacht, daß du nur die eine Sendung anschaust. Jetzt läuft aber schon die nächste.*«
> *Sarah:* »*Das ist gemein. Warum denn?*«
> *Mutter:* »*Das haben wir so vereinbart.*« (*Mutter macht den Fernseher aus.*)

Die Mutter macht gleich am Anfang klar, was sie von ihrer Tochter erwartet, nämlich das Fernsehen zu beenden. Auf die Verzö-

gerungsversuche von Sarah läßt sich die Mutter nicht ein und verweist auf die getroffene Vereinbarung.

Rituale, feste Abläufe einführen. Schaffen Sie gleichbleibende Abläufe (Rituale), die dem Kind bestimmte Verhaltenserwartungen signalisieren. Dazu gehört beispielsweise, ein festes Ritual für das Zubettgehen zu schaffen (eine Geschichte vorlesen, das Kind ins Bett bringen). Wichtig ist vor allen Dingen, daß das geforderte Verhalten nicht etwas unterbricht, was das Kind sehr mag und was ihm vorher zugestanden wurde (etwa das Kind auffordern, ins Bett zu gehen, wenn gerade Besuch da ist).

Dem Kind Wahlmöglichkeiten einräumen. Ermöglichen Sie dem Kind im Rahmen der bestehenden Regel eine Mitsprache darüber, *wie* etwas erledigt wird. Beispiele dafür sind:

- Soll sich ein Kind morgens selbständig anziehen, darf es eigenständig entscheiden, was es anzieht.
- Das Kind soll der Mutter beim Kochen helfen; es darf dafür entscheiden, welchen Nachtisch es gibt.

Schwierige Situationen vermeiden

Aus bisherigen Untersuchungen (Barkley 1990) zu Familien mit aufmerksamkeitsgestörten Kindern wissen wir, daß es hier typische Probleme gibt, sozusagen eine Hitliste. Danach treten vor allem in folgenden Situationen Schwierigkeiten auf (Reihenfolge nach der Häufigkeit):

- in der Öffentlichkeit,
- bei Telefongesprächen der Mutter,
- bei Besuchen zusammen mit dem Kind,

- beim Anfertigen der Hausaufgaben,
- beim Spielen mit anderen,
- beim Erledigen häuslicher Pflichten,
- beim An- und Ausziehen,
- wenn Freunde bzw. Verwandte die Familie besuchen,
- beim Erledigen von Aufträgen,
- beim Waschen und Baden,
- beim Zubettgehen,
- wenn die Mutter anderweitig beschäftigt ist.

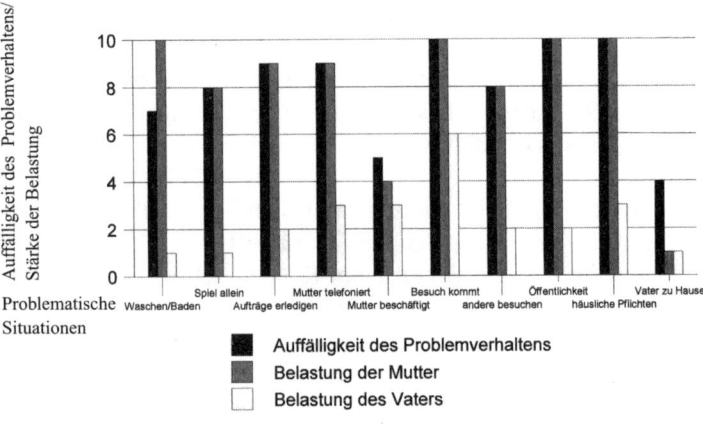

Abb. 2: Belastung von Mutter und Vater am Beispiel ausgewählter Problemsituationen

Vielleicht sehen die Schwierigkeiten bei Ihnen etwas anders aus. Sicher dürfte wohl sein, daß Sie recht genau angeben können, wann es eher Probleme gibt und wann nicht. Dieses Wissen läßt sich nutzen! Wenn man weiß, welche Situationen besonders schwierig sind, kann man sie vermeiden oder so gestalten, daß die Schwierigkeiten geringer werden. Und genau darum geht es!

Die Strategie heißt: Agieren statt reagieren! Also nicht nur auf die Probleme reagieren (etwa sich im nachhinein ärgern, Mißerfolge hinnehmen), sondern aktiv werden und die Bedingungen herstellen, die Ihnen und dem Kind guttun! Es bedeutet, dem Kind im planenden Denken voraus zu sein und sich nicht durch die auftauchenden Schwierigkeiten überrollen zu lassen.

Sie als Eltern kennen Ihr Kind am besten und wissen, welche Situationen problematisch sind bzw. schwierig werden könnten. Sie haben die Möglichkeit, solche Situationen von vornherein anders zu gestalten. Dabei bietet sich folgendes an.

Den Schalter im Kopf umlegen

Eltern aufmerksamkeitsgestörter Kinder konzentrieren sich häufig auf das unliebsame, störende Verhalten des Kindes. Sie verspielen dadurch die Chance, beim Kind positive Dinge zu fördern. Da sie so sehr mit den Dingen beschäftigt sind, die nicht zufriedenstellend laufen, bleiben ihnen kaum noch Zeit und Energie, um die wünschenswerten Verhaltensweisen ihres Kindes zu unterstützen. Deshalb sollten sie umdenken, »den Schalter im Kopf umlegen«.

Ziehen Sie sich einmal zurück, und überlegen Sie in aller Ruhe (sowie mit einigem Mut), was Sie eigentlich von Ihrem Kind wünschen, welches Verhalten Sie gerne sehen würden. Dabei ist es wichtig, daß Sie nicht gleich zu weitreichende Ziele ins Auge fassen (etwa daß Ihr Kind ein allseits beliebter Schüler werden soll), sondern erreichbares, alltägliches Verhalten in den Mittelpunkt stellen (etwa daß Ihr Kind morgens pünktlich zum Frühstück kommt, sich selbst anzieht). Machen Sie sich eine Liste solcher Verhaltensweisen, und helfen Sie Ihrem Kind, daß es dieses Verhalten auch erreichen kann. Konzentrieren Sie Ihre Energie also darauf, daß Sie Ihrem Kind entsprechende Voraussetzungen dafür schaffen (z. B. es erinnern, Vereinbarungen mit ihm treffen, teilweise dabei sein, Hilfen geben, es ermuntern).

Erreichbare Ziele bestimmen

Matthias' Eltern sind fest entschlossen: Es muß sich etwas ändern. Sie haben sich gemeinsam hingesetzt und eine Liste mit Zielen erstellt, die sie mit ihrem Sohn erreichen möchten. Neu ist daran, daß sie sich diesmal darauf konzentrieren, was besser werden und wie das aussehen soll. Sie wollen für sich klären, was mit Matthias schon ganz gut klappt oder was sie sich für die Zukunft wünschen. Zum Beispiel haben sie aufgeschrieben:
»Matthias packt abends seine Schultasche für den nächsten Tag«,
»… ißt sein Frühstück am Küchentisch«,
»… kommt pünktlich vom Spielen nach Hause«,
»… läßt seinen kleinen Bruder morgens ausschlafen.«
Den Punkt »Matthias schreibt gute Diktate« haben sie wieder gestrichen, weil dieser Wunsch noch in allzu weiter Ferne liegt. Die Ziele sollen ja nicht unrealistisch sein, denn sonst wäre der nächste Frust schon vorprogrammiert. Wenn einiges erreicht ist, kann ja immer noch »Größeres« ins Auge gefaßt werden.
Der nächste Schritt besteht darin, daß Matthias' Eltern nun sorgfältig darauf achten, was sie dazu beitragen können, damit das erwünschte Verhalten auch erreicht wird. Beispielsweise sagen sie nicht nur unbestimmt: »Komm nach Hause, wenn es dunkel wird«, sondern sie vereinbaren eine genaue Zeit. Sie stellen auch sicher, daß Matthias eine Uhr bei sich hat. Oder sie erinnern ihn schon frühzeitig daran, abends die Schultasche zu packen, bevor er zu müde dazu ist.
Am wichtigsten aber ist, daß sie alles, was gut klappt, nicht länger als selbstverständlich hinnehmen, nur weil es bei anderen Kindern selbstverständlich ist. Sie loben Matthias dafür und sagen ihm, daß sie sich darüber freuen.

Das Verhalten des Kindes vorausschauend planen

Die meisten Probleme mit einem aufmerksamkeitsgestörten Kind lassen sich vorhersehen. Deshalb wäre es sehr unklug, wenn man die Probleme einfach auf sich zukommen ließe. Viel besser ist, Vorkehrungen zu treffen, damit die Probleme erst gar nicht aufkommen.

Das Kind auf Besuch vorbereiten

Erzählen Sie dem Kind davon, und machen Sie deutlich, welches Verhalten Sie von ihm erwarten. Werden Sie dabei ganz konkret. Sagen Sie ihm genau, was Sie von ihm wollen und wie lange der Besuch voraussichtlich dauern wird. Sagen Sie zum Beispiel: »Wenn unser Besuch da ist, möchte ich, daß du uns nicht ins Wort fällst! Du kannst bei uns sitzen, solange du dich ruhig verhältst! Wenn du störst oder die Unterhaltung unterbrichst, bringe ich dich ohne viel Worte in dein Zimmer.« Sagen Sie ihm aber auch, was es in dieser Zeit tun kann und darf, und verbinden Sie Ihren Vorschlag mit einer möglichen Belohnung. Wenn es zum Beispiel nicht ständig beim Gespräch der Erwachsenen dazwischenspricht, dann darf es so lange mit einem neuen Spielzeug spielen oder mit neuen Stiften malen.

Einkaufen gehen

Planen Sie den Einkauf. Besprechen Sie mit dem Kind, wie es sich dabei verhalten soll, etwa ruhig im Wagen sitzen bleiben, beim Einkaufen nebenher gehen, nicht durch die Gänge rasen, mithelfen und Waren holen, aber nicht alles aus den Regalen nehmen. Wenn alles gutgeht, kann sich das Kind als Belohnung am Ende des Einkaufs z. B. selbst eine Kleinigkeit aussuchen (Rahmen vorher festlegen!). Achten Sie darauf, daß der Einkauf nicht zu lange dauert.

Klare Anweisungen geben

Unklare Absprachen führen fast immer zu Mißverständnissen, Ärger und unnötigen Komplikationen. Klare Anweisungen sind knapp und enthalten nur die wichtigsten Informationen. Dies erhöht die Bereitschaft des Kindes, ihnen auch nachzukommen. Bei Aufforderungen oder Anweisungen empfiehlt sich deshalb,

- knappe und klare Worte zu verwenden,
- offene oder versteckte Vorwürfe zu unterlassen,
- sachlich zu bleiben,
- Vergangenes ruhen zu lassen,
- von sich selbst, von eigenen Gefühlen zu sprechen,
- keine Frage zu formulieren (»Würdest du bitte … holen?«),
- das Kind direkt anzusprechen (»du« anstelle von »Wir müssen …« oder »Es soll … gemacht werden.«).

Beispiele für gute Anweisungen sind:
- »Ich sehe, deine Haare sind noch nicht gekämmt. Bitte hol das nach.«
- »Der Saft ist über den Küchenboden verspritzt. Ich möchte, daß du ihn wieder aufputzt.«
- »Wir wollen Mittag essen. Leg die Stofftiere bitte in die Spielzeugkiste.«
- »Dein Bruder muß jetzt ein wichtiges Telefonat führen. Ich möchte, daß du so lange leise bist.«
- »Jetzt ist es für dich Zeit zum Schlafen. Mach bitte das Licht aus.«

Sie sollten *in der Nähe* des Kindes sein, wenn Sie etwas Wichtiges sagen. Bei einem jüngeren und stark ablenkbaren Kind begeben Sie sich auf seine Augenhöhe, legen ihm die Hand auf die Schulter, üben ein klein wenig Druck aus oder fahren mit der Hand sanft über seinen Rücken und nehmen dann Blickkontakt auf. Dann können Sie sicher sein, daß Sie seine volle Aufmerksamkeit haben.

Gehört heißt bei aufmerksamkeitsgestörten Kindern aber noch lange nicht *verstanden*! Kompliziertere Anforderungen oder die Ankündigung von Konsequenzen werden manchmal zwar gehört, aber nicht wirklich verarbeitet (etwa weil das Kind danach wieder von anderen Dingen abgelenkt wird). Fordern Sie das Kind deshalb bei komplizierten Dingen auf, zu wiederholen, was zu tun ist.

Allerdings fühlen sich ältere Kinder durch solche Aufforderungen oft gegängelt. Man sollte es von ihnen daher nicht allzu oft verlangen, sondern nur dann, wenn es wirklich wichtig ist.

Das Kind durch Lob und Anerkennung lenken

Aufmerksamkeitsgestörte Kinder lernen anders. Viele Erfahrungen laufen anscheinend – ohne Eindruck auf sie zu hinterlassen – wie an einer Regenhaut von ihnen ab. Was für andere Kinder schon eine nachdrückliche Erfahrung ist, hinterläßt bei ihnen kaum Spuren. Es dauert deshalb länger, bis sie sich an Spielregeln halten oder ein bestimmtes Problemverhalten unterlassen. Sie brauchen einfach mehr Rückmeldungen, mehr Bestätigungen und deutlichere Konsequenzen für ihr Verhalten als andere Kinder. Bei ihnen ist es deshalb notwendig, Lob und Anerkennung gezielt einzusetzen.

Machen Sie es sich also zum Prinzip, Ihr Kind gezielt und so oft wie möglich für Dinge zu loben, die in Ordnung sind. Dadurch erfährt Ihr Kind, was erwartet wird, und lernt, sich angemessen zu verhalten. Gleichzeitig erhält es auch die Aufmerksamkeit und Bestätigung, die es so dringend braucht.

Sie können das Kind beispielsweise dafür loben, daß es

- einer Aufforderung nachkommt,
- Ihnen beim Essen den Salat reicht,
- aufhört herumzuhopsen,
- Sie ausreden läßt,
- einige Zeit allein spielt,
- Ihnen etwas Interessantes erzählt,
- schön mit seiner Schwester spielt,
- beim Tischdecken hilft,
- den Besuch bei der Oma nicht gestört hat.

Passen Sie Ihr Lob an sein Verhalten an. Dafür, daß es den Fernseher auf Ihre Bitte hin ausmacht, sollten Sie es nur kurz loben (»Vielen Dank, lieb von dir.«). Holt es dagegen eine Flasche Sprudel aus dem Keller, so kann das Lob durchaus etwas größer ausfallen (»Schön, daß Du so mithilfst.«). Räumt es sein Zimmer auf, so können Sie sich etwas Besonderes einfallen lassen, ihm z. B. eine Geschichte vorlesen oder eine Kleinigkeit schenken.

Es kommt auch darauf an, wie man lobt. Richtiges Loben enthält immer auch eine kleine Rückmeldung und weist auf einzelne Punkte hin, die einem besonders hervorhebenswert erscheinen. Wenn Ihnen Ihr Kind ein Bild zeigt, das es gerade gemalt hat, können Sie z. B. sagen: »Schön! Besonders gut gefällt mir der Baum. Er hat so viele Verzweigungen, und die Farben sind wunderschön. Da hast du dir aber Mühe gegeben!« Das Kind merkt so, daß Sie sich das Bild genau angeschaut haben und es nicht nur so ins Blaue hinein loben. Außerdem erhält es Rückmeldungen.

Wenn Ihnen das Kind von einem Schulausflug erzählt, von dem es gerade zurückkommt, können Sie zum Beispiel sagen: »Du hast es so schön erzählt, daß ich mir ziemlich genau vorstellen kann, was passiert ist. Ich weiß jetzt genau, wie es im Schwimmbad war.«

Wenn Sie Ihr Kind loben, rücken Sie seine Stärken in den Vordergrund. Die Aufmerksamkeit wird auf das gerichtet, was man sich wünscht, und das Kind gewinnt an Selbstsicherheit und Selbstvertrauen.

Lob und Anerkennung kann man noch gezielter einsetzen, wenn man ein Belohnungssystem verwendet. Die Belohnung wird dabei nach Regeln gegeben, die mit dem Kind in einem »Vertrag« vereinbart werden. Darin steht, daß es für ein bestimmtes, genau beschriebenes Verhalten (etwa bei Mahlzeiten am Tisch sitzen bleiben) eine Belohnung in Form von Wertmarken gibt, die später gegen eine Vergünstigung oder ein Geschenk eingetauscht werden können. Ein solches Belohnungssystem ändert das Verhalten des Kindes meist sehr rasch. Was wirklich kein Wunder ist, denn es wird vorher ja genau vereinbart, was vom Kind erwartet wird, es stimmt der Sache zu und erhält schließlich ganz genaue Rückmeldungen darüber, ob es sich an seine Absichten gehalten hat.

Es ist wichtig, das Belohnungssystem an konkrete Vorgänge zu binden, z. B. die Hausaufgaben ohne längere Unterbrechung machen, sich morgens selbständig waschen, die Spielsachen wegräumen, die Schultasche am Abend packen, pünktlich zu Hause sein, unflätige Schimpfwörter unterlassen oder weniger Streit mit den Geschwistern haben. Wichtig ist aber, daß man zunächst immer nur eine Verhaltensweise zu ändern versucht und nicht mehrere auf einmal. Die Regeln für ein solches Belohnungssystem werden in Anhang C genau beschrieben; in Anhang D und E stellen wir ein spielerisches Belohnungssystem, den »Wettkampf um lachende Gesichter« (nach Döpfner, Schürmann und Frölich 1998), vor.

Den »Krisenherd« Hausaufgaben entschärfen

Die tägliche Erledigung der Hausaufgaben ist eine der »nervigsten« Situationen für die Familie. Den aufmerksamkeitsgestörten Kindern fällt es schwer, über längere Zeit ruhig sitzen zu bleiben, ausdauernd zu sein, selbständig zu arbeiten, sich mit eher ungeliebten »Schuldingen« abzuplagen und auch noch ein zufriedenstellendes Ergebnis zu erreichen. Oft genug gibt es auch Schwierigkeiten mit dem Schreiben, dem Lesen oder Rechnen. Das Kind verbringt nicht selten viele Stunden am Schreibtisch, und es bleibt ihm kaum Zeit zum Spielen und für Verabredungen mit Freunden. Dabei wird es immer ungeduldiger und ärgerlicher; oft kommt es daher zu Spannungen mit den Eltern, die regelmäßig den Nachmittag der ganzen Familie überschatten. So ist es denn kein Wunder, daß sich die Hausaufgaben oft zu einem regelrechten »Krisenherd« entwickeln.

Was können Sie tun, um Ihrem Kind die Bearbeitung der Hausaufgaben zu erleichtern?

Gestaltung des Arbeitsplatzes und Festlegung der Hausaufgabenzeit

Setzen Sie sich doch einmal an den Arbeitsplatz Ihres Kindes, und schauen Sie sich um. Was könnte ablenken? Liegen vielleicht Comics auf dem Schreibtisch? Steht das Spielzeugregal in unmittelbarer Nähe? Ist die Blickrichtung zum Fenster und zur Straße? Richten Sie den Arbeitsplatz möglichst so ein, daß das Kind ruhig und ungestört arbeiten kann.

Vereinbaren Sie, daß die Hausaufgaben zu einer bestimmten Zeit (etwa 15 Uhr) oder an einer bestimmten Stelle im Tagesablauf (z. B. immer eine Stunde nach dem Mittagessen) erledigt werden. Auf diese Weise entstehen feste Gewohnheiten, die langwierige Ermahnungen (»Nun fang doch endlich an!«) überflüssig machen. Sorgen Sie dafür, daß in dieser Zeit möglichst wenig Ablenkung (etwa durch andere Familienmitglieder, Telefonate) besteht.

Überschaubare Arbeitsabschnitte und Pausen

Teilen Sie jetzt die gesamte Hausaufgabenzeit in Abschnitte von 15 bis 20 Minuten ein, und kontrollieren Sie am Ende dieser Zeit (Küchenuhr stellen!), wie weit das Kind gekommen ist. Loben Sie es für seine Fortschritte. Auf jeden Abschnitt folgt eine kurze Pause von etwa fünf Minuten. Vorab ist natürlich zu prüfen, ob die Hausaufgabe von ihm überhaupt geschafft werden kann oder ob sie das Kind unter Umständen völlig überfordert. Dann sollten mit dem Lehrer Absprachen für einen individuell angepaßten Arbeitsumfang getroffen werden.

Geeignete Hilfe geben

Wenn ein Kind bei der Erledigung der Hausaufgaben an einen Punkt kommt, wo es allein nicht mehr weiter weiß, sollten Sie »strategische Hilfen« geben, also Hinweise, die weiterhelfen, ohne »vorzusagen«, etwa:

● Gemeinsamkeiten bestimmen: »Wie hast du denn die vorherige Aufgabe gelöst?« ... »Ja, genau. Und was ist jetzt anders?«
● Genau bestimmen, was gefragt ist: »Was sollst du genau herausfinden?« ... »Und welche Informationen hast du dazu schon?« ... »Ja, gut. Was fehlt also noch?«
● Sich vor Beginn der Lösung einen Plan zurechtlegen: »Wie gehst du vor?«
● Am Ende einer Lösungsphase noch einmal genau überprüfen, ob das Vorgehen oder das Ergebnis auch stimmt: »Stimmt alles?« ... »Ich schaue lieber noch einmal nach!«
● Direkte Hilfen geben, z. B. beim Abschreiben einer Zeile die darunterliegenden Zeilen abdecken.

Ein Belohnungssystem für die Hausaufgaben einführen

Ein speziell auf die Hausaufgaben zugeschnittenes Belohnungssystem schlagen Döpfner, Schürmann und Frölich (1998) vor. Es
funktioniert wie das bereits beschriebene Belohnungssystem.
Das Kind wird dadurch recht schnell zu größerer Selbständigkeit
angeregt (»Wie gut gelingt mir die jeweilige Aufgabe?« – »Welches Ergebnis ist akzeptabel, welches ist nicht mehr o. k.?«). Die
genauen Regeln dafür finden Sie in Anhang F, in Anhang G zeigen wir ein Beispiel für einen Hausaufgabenplan. Erfahrungsgemäß verringern sich die Probleme beim Hausaufgabenmachen
mit diesem Belohnungsprogramm sehr rasch. Wenn bei den
Hausaufgaben »nichts mehr geht«, ist Hilfe von außen erforderlich; die Eltern-Kind-Beziehung darf jedenfalls nicht durch
Hausaufgabenprobleme beherrscht werden.

Die Hausaufgabensituation kann auch dadurch entschärft werden, daß *zu Hause Aufmerksamkeit geübt* wird. Dies sollte allerdings nicht in Form von »Überstunden« ablaufen. Solche Aufgaben sollten vielmehr in den Alltag eingebaut werden (etwa bei
gemeinsamen Beschäftigungen, Spaziergängen, Familienspie-
len). Die Übungen sollten spielerisch sein (bleiben) und allen Beteiligten Spaß machen. Vorschläge dazu finden sich in Anhang J.

Auch mal an sich selber denken

Die *Mütter* aufmerksamkeitsgestörter Kinder sind weitaus »ge-
streßter« und belasteter als Mütter unauffälliger Kinder. Verschiedene Untersuchungen zur seelischen Gesundheit und Belastung
der Mütter von aufmerksamkeitsgestörten und unauffälligen Kindern (u. a. Mash und Johnston 1983, Befera und Barkley 1985)
belegen deutlich, daß die Mütter von aufmerksamkeitsgestörten

Kindern weniger Vertrauen in ihre erzieherischen Fähigkeiten setzen, auffallend depressiv sind und große Schuldgefühle haben. Als wenn das nicht schon genug wäre, leiden sie auch mehr unter sozialer Isolation. Diese Probleme sind um so größer, je jünger die aufmerksamkeitsgestörten Kinder und je größer ihre Verhaltensauffälligkeiten sind.

Die Position eines Vaters

Herr K. ist der Vater des achtjährigen Alexander, bei dem eine Aufmerksamkeitsstörung mit sozialen Schwierigkeiten festgestellt wurde.

Des öfteren kommt es vor, daß Herr K. abends nach Hause kommt und seinen Sohn wütend und aufgewühlt antrifft, während seine Frau sich gerade daran macht, die Reste der täglichen Kämpfe um die Erledigung der Hausaufgaben – wie zerknüllte Heftseiten – aus dem Wohnzimmer zu räumen. Meist habe sie dann noch nicht einmal die Zeit gefunden, das Abendessen vorzubereiten, beklagt er sich, obwohl sie doch den ganzen Tag zu Hause sei und keine andere Aufgabe habe, als dieses Kind zu erziehen. Darum könne er sich doch nicht auch noch kümmern, hält er ihr vor. Wenn er dann von seinem anstrengenden Tag im Büro erzählen möchte, scheint sie so erschöpft zu sein, daß sie seinen Erzählungen nicht folgen kann.

Herr K. kann sich einfach nicht vorstellen, warum seine Frau es nicht schafft, Alexander dazu zu bringen, seine Aufgaben ganz normal am Nachmittag zu erledigen, abends rechtzeitig schlafen zu gehen oder sich morgens selbständig anzuziehen. Zudem fühlt er sich durch seine Frau vernachlässigt.

Er wirft ihr vor, den Jungen völlig verzogen zu haben, und meint, sie müsse nur einmal »hart durchgreifen«. Alexander ist seiner Meinung nach »nur ein bißchen lebhaft, ein richtiger Junge eben«. Frau K. beklagt ihrerseits, ihr Mann habe keinerlei Verständnis für das, was sie tagtäglich mit dem Kind durchmache. In der letzten Zeit streiten sie sich immer häufiger über dieses Thema.

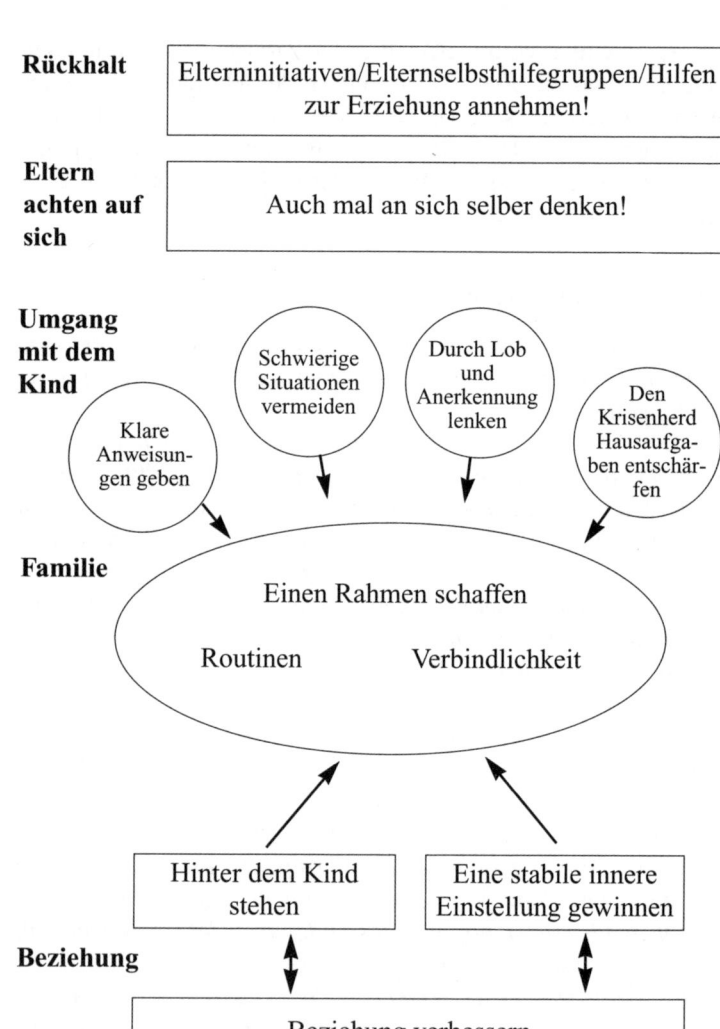

Rückhalt

Elterninitiativen/Elternselbsthilfegruppen/Hilfen zur Erziehung annehmen!

Eltern achten auf sich

Auch mal an sich selber denken!

Umgang mit dem Kind

Klare Anweisungen geben

Schwierige Situationen vermeiden

Durch Lob und Anerkennung lenken

Den Krisenherd Hausaufgaben entschärfen

Familie

Einen Rahmen schaffen

Routinen   Verbindlichkeit

Hinter dem Kind stehen

Eine stabile innere Einstellung gewinnen

Beziehung

Beziehung verbessern

Abb. 3: Was Eltern im Alltag tun können (Überblick)

Diese Aussagen sollen Sie nicht pessimistisch stimmen, sondern veranschaulichen, wie schwierig das Zusammenleben mit einem aufmerksamkeitsgestörten Kind oft ist. Schwierig deshalb, weil die Kinder besondere Anforderungen stellen und mehr Zeit und Kraft beanspruchen als andere Kinder. Schwierig aber auch deshalb, weil die Mütter mit den Problemen meist allein gelassen werden. Ihnen wird wenig Verständnis entgegengebracht, geschweige denn angemessene Hilfe angeboten. Es ist eher so, daß die Ursache der Verhaltensprobleme im Elternhaus und in der Erziehung – indirekt also bei der Mutter – gesucht wird. Verwandte, Lehrer und Erzieher geben meistens wohlfeile Ratschläge, wie das Problemverhalten durch eine »richtige« Erziehung (»mehr Konsequenz«, »stärker hinterher sein«, »mal durchgreifen«, »sich nicht so viel gefallen lassen« etc.) »abgestellt« werden kann. Manchmal fehlt es sogar am Verständnis des Partners, der die Probleme häufig ganz anders sieht, weil er sie nicht so hautnah miterlebt und sich infolgedessen auch nicht so recht in die Situation der Mutter hineinversetzen kann (wie in »Die Position eines Vaters«).

All dies macht deutlich, wie schwierig die Situation sein kann. Die Hauptbezugsperson, überwiegend die Mutter, muß deshalb auch mal an sich selbst denken, Hilfen und Entlastungen für sich selbst einfordern. Zu denken ist dabei an folgendes:

- Mit dem Vater feste Zeiten vereinbaren, an denen er das Kind betreut (etwa am Abend, am Wochenende).
- Für sich selbst Zeit »freischaufeln« und eigenen Interessen nachgehen.
- Sich einer Elternselbsthilfegruppe (siehe Kapitel 7) anschließen. Hier sehen Sie, daß Sie mit Ihren Schwierigkeiten nicht allein stehen und die Probleme nicht automatisch auf Ihr »Konto« gehen.
- Auf angemessene Hilfe durch die Schule und Behörden (etwa Jugendamt, Sozialamt) drängen. Hier ist es günstig, wenn solche Forderungen von mehreren Eltern oder einer Elternselbsthilfegruppe vorgebracht werden.

● Professionelle Hilfe in Anspruch nehmen, wenn Sie momentan weder ein noch aus wissen und die Probleme in Ihrer Familie kaum mehr zu regeln sind (etwa Depressivität, gravierende Paarkonflikte). Scheuen Sie sich dann nicht, professionelle Hilfe durch einen Psychologen oder Facharzt für Psychotherapie und Psychiatrie in Anspruch zu nehmen.

Es ist also keineswegs Egoismus, wenn die Eltern und besonders die Mütter auch einmal an sich denken. Vielmehr macht das den Kopf frei, sie gewinnen Abstand von den alltäglichen Belastungen und können sich den Alltagsproblemen wieder unbefangener stellen. Eltern, die etwas für sich selbst tun, haben mehr Kraft und Energie für den Umgang mit ihren Kindern.

7 Elterninitiativen

Elterninitiativen sind eine gute Möglichkeit, mit ebenfalls betroffenen Eltern zusammenzukommen, Erfahrungen auszutauschen, Probleme zu erörtern, Perspektiven zu entwickeln und die Interessen des Kindes auch auf einer allgemeinen Ebene zu vertreten. Gegenwärtig weht in der Arbeit der Elterngruppen offensichtlich ein frischer Wind. Sie werden aktiver, offensiver und öffnen sich mehr und mehr neuen Ideen und Konzepten.

Elterninitiativen bieten viele Vorteile:

- Eltern fühlen sich durch den Kontakt mit ebenfalls Betroffenen in ihren ganz speziellen Problemen verstanden und angenommen.
- Sie werden von Selbstzweifeln und schlechtem Gewissen entlastet.
- Die eigene Situation wird entscheidend relativiert, wenn sie entdecken, daß andere Eltern ähnliche Erfahrungen wie sie selbst gemacht haben.
- Der Erfahrungsaustausch verbessert die Fähigkeit, mit den anstehenden Problemen zurechtzukommen.
- Es können wichtige Informationen (beispielsweise über Behandlungsmöglichkeiten, relevante Gesetze) ausgetauscht werden.
- Therapeuten oder andere Experten können zu der Selbsthilfegruppe stoßen und die Erfahrungsbasis zusätzlich vergrößern.
- Durch ihr rasch anwachsendes Spezialwissen sind Eltern besser gegen vermeintlich »gute« Ratschläge gewappnet.
- Das Selbstbewußtsein der Eltern wächst, sie können ihre Interessen und die des Kindes besser vertreten.

- Die Eltern können sich gegenüber Institutionen (etwa Schulämter, Ministerien) besser behaupten. Ansonsten werden sie mit ihrem »Problemkind« oft in die Defensive gedrängt.
- Das politische Gewicht und die Durchsetzungsfähigkeit werden deutlich erhöht, und die Eltern können viel mehr erreichen als aus der Einzelkämpferposition heraus.

Insofern ist die Mitgliedschaft in einer Elterngruppe rückhaltlos zu empfehlen. Schwierig wird es nur dann, wenn sich eine Elterninitiative einer Ideologie verschreibt. Dies ist bei einigen Elternselbsthilfegruppen durchaus gegeben, wenn sie z. B. Überzeugungen über die Verursachung der Aufmerksamkeitsstörung anhängen, die nachweislich nicht zu halten sind.

Solche weiterhin nahezu missionarisch vertretenen Thesen beziehen sich u. a. auf die Verursachung der Störung durch Phosphate, durch eine minimale Gehirnschädigung, durch eine sogenannte »sensorische Integrationsstörung«.

Gegenwärtig ist aber zu beobachten, daß sich die Elterninitiativen zunehmend neueren Ideen und Konzepten öffnen, mehr Öffentlichkeitsarbeit betreiben und sich anschicken, ihre Interessen und die ihrer Kinder auch stärker auf der politischen Ebene zu vertreten. Diese Entwicklung ist in anderen Ländern (beispielsweise in den Niederlanden) bereits viel weiter vorangekommen und dürfte sich in der Bundesrepublik und dem deutschsprachigen Ausland ebenfalls verstärken.

Eine generelle Schwierigkeit von Elterngruppen ist allerdings, daß neue Mitglieder häufig Patentrezepte erwarten. Dies kann natürlich keine Gruppe leisten. Vielmehr müssen Eltern letztendlich selbst entscheiden, welche Wege sie gehen, welche Maßnahmen sie verwirklichen und an wen sie sich für professionelle Unterstützung wenden wollen.

In Anhang K finden sich Adressen verschiedener Bundesverbände von Elterninitiativen.

8 Zusammenarbeit mit der Schule

»Geht es Ihnen gut, oder haben Sie ein Kind in der Schule?« Diese Einschätzung scheint besonders für Eltern aufmerksamkeitsgestörter Kinder zu gelten. Meinungsverschiedenheiten zwischen Elternhaus und Schule sind nicht selten. Zumeist ergeben sie sich daraus, daß Eltern und Lehrer unterschiedliche Ausschnitte aus dem Verhalten eines Kindes sehen und für unterschiedliche Bereiche verantwortlich sind. Oft können sich beide »Parteien« aber nicht darauf einigen, wer welche Aufgaben zu erfüllen hat und wie dies abzustimmen ist. In jedem Fall ist es für Eltern aufmerksamkeitsgestörter Kinder sehr wichtig, sich in der Schule Gehör zu verschaffen. Wir wollen in diesem Kapitel Anregungen für eine positive, entwicklungsorientierte Zusammenarbeit geben. Dies bedeutet notwendigerweise, daß sich Elternhaus und Schule darüber verständigen, wie die Probleme des Kindes zu beurteilen sind und wo man ansetzen kann. Es wird für eine vertrauensvolle Zusammenarbeit, einen regelmäßigen Informationsaustausch und die Verabredung von konkreten Maßnahmen plädiert.

Kontakte zur Schule

Aufmerksamkeitsgestörte Kinder fallen besonders in der Schule auf. Sie ist die Instanz, die in den allermeisten Fällen die Schwierigkeiten als erste »anmeldet« und am nachdrücklichsten beklagt. Oft genug sieht die Schule das kindliche Verhalten als »untragbar« an und drängt auf unmittelbare Abhilfe (etwa daß die Eltern ihr Erziehungsverhalten ändern sollen, strenger reagieren oder konsequenter sein sollen). Anderenfalls – so die Drohung – sei der Schulerfolg gefährdet, oder es seien sogar weitergehende Maßnahmen wie Klassenwiederholung, Versetzung in eine andere Klasse, Überweisung an eine andere Schule oder die Umschulung in eine Sondereinrichtung nahezu unvermeidbar. Häufig kompliziert sich die Lage noch dadurch, daß die Eltern die schulischen Probleme ihres Kindes nicht als so gravierend empfinden wie die Lehrer. Dies hängt damit zusammen, daß Eltern und Lehrer verschiedene Ausschnitte des kindlichen Verhaltens sehen und daher die Schwierigkeiten auch unterschiedlich einschätzen. Daraus kann sich eine Situation entwickeln, die die Beziehung der Eltern zur Schule erheblich belastet und die Zusammenarbeit stark gefährdet:

- Die Eltern halten die Einschätzung der Lehrer für übertrieben und unangemessen, weil sie die Probleme, die von der Schule geschildert werden, zu Hause nicht beobachten. Sie neigen deshalb relativ rasch dazu, die Beurteilung der Lehrer mit Überempfindlichkeit zu erklären oder damit, daß der Lehrer das Kind »auf dem Kieker« hat.
- Die Eltern fühlen sich – oft zu Recht – durch die Schule bevormundet, weil die Lehrer die Ursachen des kindlichen Verhaltens allein in der elterlichen Erziehung oder im Elternhaus suchen und infolgedessen erwarten, daß die Eltern das Problem »abstellen«. Hierzu erhalten die Eltern dann mehr oder weniger qualifizierte Ratschläge (etwa ihr Erziehungsverhalten zu ändern, das Kind weniger fernsehen zu lassen oder sich einfach mehr um das Kind zu kümmern).
- Die Schule hält die Eltern in ihrer Erziehung für wenig kompetent und äußert sich eher abträglich, was die Zusammenarbeit zusätzlich erschwert.

Solche Verstrickungen sind unfruchtbar; sie lösen die Probleme nicht, sondern heizen sie nur noch weiter an. Die Verstrickungen entstehen aus dem erstaunlich zählebigen Mißverständnis heraus, daß zuerst geklärt sein müsse, wo der Grund für die Probleme des Kindes liegt. Elternhaus und Schule suchen dann vor allem nach einem Schuldigen und sehen die Ursache der Probleme vorrangig beim anderen. Sie wetteifern darin, wer die Störung besser erklären kann. Weit nützlicher wäre es aber, wenn beide ihre ganze Kraft auf die Suche nach Lösungen konzentrieren würden. Der Streit über Ursachen führt nicht weiter – zumal es ja auch nicht die *eine* Ursache dafür gibt (vgl. »Eine Ursache oder mehrere?«). Wichtiger ist es, dem Kind das Leben erträglicher zu machen und dafür geeignete Mittel und Wege zu finden.

Die Schulkarriere eines aufmerksamkeitsgestörten Kindes

Vorschule: Fabian war es bereits im Kindergarten schwergefallen, länger bei einer Sache zu bleiben und sich in einen vorgegebenen Rahmen – etwa beim morgendlichen Stuhlkreis – einzufügen. Auf Anraten der Erzieherinnen entschlossen sich die Eltern deshalb, den Jungen zunächst auf eine Vorschule zu schicken. Sie waren der Meinung, daß er noch zu verspielt sei, um gleich die Schule zu besuchen.

Grundschule: In der ersten Klasse fiel Fabian schon bald durch seine ständige Unkonzentriertheit und Unruhe sowie geringe Ausdauer auf. Er beteiligte sich auch nur selten am Unterricht. Nervig war vor allem, daß er oft vor sich hin sang, selbstvergessen auf den Tisch trommelte und laut vor sich hin pfiff. Das amüsierte die anderen Kinder, und sie spornten ihn darin an. Fabian wurde deshalb rasch zum Klassenclown. Trotz allem waren seine Leistungen noch recht passabel. Wenn es um spielerisches Lernen ging – etwa Buchstaben malen oder Rechenspiele – konnte er zum Erstaunen seiner Lehrerin lange und interessiert bei einer Sache bleiben. Als aber in der zweiten und dritten Klasse immer mehr selbständiges und diszipliniertes Arbeiten verlangt war, blieben Fabians Leistungen immer deutlicher hinter dem Klassendurchschnitt zurück. Die Lehrerin hatte nun auch immer weniger Nachsicht mit dem »schwierigen Schüler«, und Fabian wurde angesichts seiner zunehmend schlechteren Leistungen und der negativen Reaktionen der Lehrerin auch unter seinen Mitschülern mehr und mehr zum Außenseiter.

Schulwechsel: Nach der dritten Klasse entschieden sich seine

105

Eltern, ihn in eine andere, weiter entfernte Grundschule wechseln zu lassen, um Fabian so einen neuen Start zu ermöglichen. Die Probleme blieben aber dieselben. Die Mißerfolgserlebnisse häuften sich: schlechte Zensuren, Strafarbeiten, häufige Ermahnungen, Ausschluß vom Sportfest. »Schule« und »Lernen« wurden nun auch zu Hause immer mehr zu Reizthemen. Fabian versuchte jetzt jede Form von Leistungsanforderung zu vermeiden. Er fiel immer häufiger wegen fehlender Hausaufgaben und vergessener Materialien auf; schließlich schwänzte er wiederholt den Unterricht. Konflikte mit Mitschülern nahmen immer besorgniserregendere Formen an, da er mittlerweile bereits auf geringfügige Hänseleien sehr aggressiv reagierte.

Sonderschulverfahren: Noch vor Beendigung der Grundschulzeit betrieb das Schulamt auf Anraten der Klassenlehrerin eine Überweisung in eine »Sonderschule für Erziehungshilfe« mit dem Argument, daß Fabian in einer Regelschule überfordert sei.

Deshalb ist es wichtig, die Zusammenarbeit mit der Schule auf eine andere Basis zu stellen. Dazu sind folgende Schritte notwendig:

- Elternhaus und Schule müssen sich auf eine einvernehmliche Sichtweise des Problems einigen. Am besten wäre es, wenn beide die Schwierigkeiten des Kindes als real ansehen und dem Bedingungsmodell (vgl. Kapitel 5 »Wie Aufmerksamkeitsstörungen entstehen«) zuordnen könnten. Das befreit Eltern und Schule von unfruchtbaren Diskussionen und wechselseitigen Vorwürfen; es gibt ihnen die Freiheit und Energie, nach realistischen Lösungsansätzen zu suchen.
- Eltern und Lehrer sollten sich auf direktem und kurzem Weg informieren. Beispielsweise jede Woche ein- oder zweimal miteinander telefonieren und sich über die wesentlichsten Dinge unterrichten. Dazu wäre es hilfreich, wenn der Lehrer die Dinge notiert, die ihm während des Unterrichts besonders positiv oder auch als eher abträglich aufgefallen sind.

- Ein großes Problem ist häufig, daß Hausaufgaben nicht erledigt und wichtige Unterrichtsmaterialien (Hefte, Sportsachen etc.) vergessen werden. Dem kann leicht abgeholfen werden, wenn das Kind ein Hausaufgabenheft anlegt, das täglich vom Lehrer abgezeichnet wird.

- Darüber hinaus sollten sich alle Beteiligten (Lehrer, Eltern und Kind) alle vier bis fünf Wochen zu einem Treffen verabreden, bei dem Lehrer und Eltern ihre Beobachtungen austauschen, Fortschritte festhalten und vereinbaren, wie es weitergehen soll. Oftmals ist es gut, wenn dieses Gespräch unter Beteiligung einer dritten Seite (beispielsweise eines behandelnden Psychologen, eines Schulberaters) quasi als »runder Tisch« stattfindet. Dieser Dritte sollte dann auch das Gespräch leiten.

Im Zug dieser Zusammenarbeit muß die Schule natürlich abträgliche und problemverschärfende Maßnahmen (z. B. die Androhung von Sonderschulüberweisung) unterlassen und weitergehende Maßnahmen erst dann in Betracht ziehen, wenn die Eltern ausdrücklich damit einverstanden sind.

Daß es so funktionieren kann, zeigt das nachstehende Beispiel. Hier haben Eltern und Schule einen Weg gefunden, dem Kind wirklich zu helfen. Eine Voraussetzung dafür ist, daß die Eltern recht selbstbewußt und aktiv sind, eine andere, daß sie auch auf eine prinzipiell kooperationswillige Schule bzw. einen entsprechenden Klassenlehrer treffen; und eine dritte, daß sich beide »Parteien« in den Dienst des Kindes stellen. Die Eltern können durchaus erwarten, daß der Lehrer und die Schule ihr Kind respektieren und ihr Kind gerade deshalb fördern und ermutigen, weil es besondere Anforderungen stellt. Sich gerade in diesen »Problemfällen« als kompetent zu erweisen ist die eigentliche Herausforderung für den Lehrer!

Eltern und Schule

Frau G.-L., die Mutter der neunjährigen Anke, berichtet:

»Mit Ankes derzeitiger Klassenlehrerin setzen wir uns regelmäßig einmal im Monat zusammen, um uns auch außerhalb der regulären Elternsprechtage über Ankes Entwicklung zu informieren. Das ist unheimlich wichtig. Sonst sind wir nämlich diejenigen, die die Klagen und Beschwerden der Lehrer entgegennehmen müssen, ohne selbst etwas verbessern zu können. Dazu kommen dann natürlich noch die wöchentlichen Telefonate.

Das Problem mit den ewig vergessenen Hausaufgaben haben wir durch eine ganz einfache Vereinbarung in den Griff bekommen: Anke führt ein kleines Hausaufgabenbuch, in dem die Lehrerin jeden Tag die Aufgabenliste abzeichnet. So müssen wir nicht mehr täglich bei Klassenkameraden herumtelefonieren, um zu fragen, was Anke aufhat. Unsere Tochter scheint inzwischen sogar einen gewissen Ehrgeiz entwickelt zu haben, ohne dieses Buch auskommen zu können.

Bei Besprechungen mit Lehrern bin ich früher wie eine arme Bittstellerin aufgetreten. Ich hatte schon immer Tage vorher einen Kloß im Hals, wenn ich zu einem solchen Termin bestellt wurde. ›Was wird es jetzt wieder an Vorwürfen geben? Bin ich denn so eine schlechte Mutter?‹ hab' ich dann gedacht.

Das machen wir jetzt anders. Zum einen gehe ich gemeinsam mit meinem Mann hin. Vor allem aber treten wir viel selbstbewußter auf, nämlich als Eltern, die um Austausch von Informationen und Ratschlägen bemüht sind, die aber auch etwas von dem Lehrer erwarten: Er soll unsere Tochter respektieren, sie ermutigen und fördern – nicht obwohl, sondern gerade weil sie besondere Anforderungen stellt. Das und nicht die Ausgrenzung von ›Problemfällen‹ ist Aufgabe der Lehrer, und daran kann man sie durchaus erinnern.«

Was können Eltern von den Lehrern denn nun tatsächlich erwarten? Welches Lehrerverhalten erweist sich als günstig? Hier gibt es einiges, was der Lehrer und die Schule nicht nur tun sollten, sondern wozu sie auch verpflichtet sind:

- über die Aufmerksamkeitsstörung, ihre Entstehung und Folgen informiert sein;
- dem Kind überschaubare Aufgaben stellen bzw. Aufgaben in Abschnitte mit Zwischenzielen aufschlüsseln;
- verständliche Anweisungen geben bzw. sich vom Kind erklären lassen, was konkret zu tun ist (aktive Umsetzung der Anleitung);
- locker bleiben, Phantasie und Humor walten lassen;
- Tadel und Vorwürfe unterlassen – das verpestet das Klima;
- und immer wieder auf (kleine) Fortschritte achten; sehen, was das Kind kann, seine Leistungsbereitschaft bzw. Ansätze dazu nutzen; schon bei kleinen Erfolgen positive Rückmeldung geben, loben, ihm Mut machen;
- das Sozialverhalten durch feste Regeln lenken, auf deren Einhaltung bestanden wird;
- negatives Verhalten im Ansatz unterbrechen und zur Selbstreflektion anregen (»Stop! Denk erst mal darüber nach!«);
- gemeinsam mit den Eltern Hilfen suchen (z. B. wöchentliche Telefonate, Hausaufgabenliste abzeichnen, monatliche Besprechungen).

Überweisung an andere Schulen oder in andere Klassen

Was ist von Überweisungen an eine andere Schule oder in eine andere Klasse zu halten? Ein besonderes Problem bei der Zusammenarbeit mit Schulen ist deren Versuch, das Kind in eine andere Klasse, an eine andere Schule, gegebenenfalls an eine Sonderschule »abzugeben«. Diese Maßnahmen mögen im Einzelfall durchaus hilfreich sein. Sie sollten jedoch sehr sorgfältig prüfen, ob sie bei Ihrem Kind angebracht und erfolgversprechend sind. Notwendige Voraussetzung für einen solchen Schritt ist immer, daß Sie als Eltern gut informiert sind und in einem positiven Kontakt mit der Schule stehen! Lehnen Sie solche Überweisungen in andere Klassen, Schulen oder Einrichtungen ab, die lediglich Ausdruck der eigenen Hilflosigkeit sind und nur Eltern und Kind disziplinieren sollen. Leider kommt es aber immer wieder vor, daß solche Maßnahmen eingeleitet werden.

In aller Regel gilt, daß eine Überweisung in eine andere Klasse oder an eine andere Schule wenig fruchtbar ist, wenn tatsächlich eine Aufmerksamkeitsstörung vorliegt. Eine solche Überweisung wäre nur dann erwägenswert, wenn sich das problematische Verhalten nur bei wenigen Lehrern oder nur in der Schule zeigt, zu Hause und mit Gleichaltrigen aber keine Probleme bestehen (damit läge allerdings per definitionem keine Aufmerksamkeitsstörung mehr vor!).

Inwieweit die Überweisung eines Kindes in eine Sondereinrichtung (bevorzugt Sonderschule für Lernbehinderte, Sonderschule für Erziehungshilfe) erfolgversprechend ist, kann nur über eine sorgfältige Prüfung im Einzelfall abgewogen werden. Diese Überweisung setzt ein Gutachtenverfahren voraus, das die Lernfähigkeit bzw. das soziale Verhalten überprüft. Ohne daß die Lernfähigkeit beeinträchtigt bzw. das Sozialverhalten nachdrücklich gestört ist, sollte man einer solchen Überweisung jedoch nicht zustimmen. Vielmehr sollte immer erst versucht werden, vor Ort – also in der jetzigen Schule – Maßnahmen umzusetzen, die dem Kind weiterhelfen (etwa gezieltere Anleitung des Kindes, anderer Sitzplatz, stärkere Steuerung des Kindes).

Gegebenenfalls ist natürlich auch an eine ergänzende Therapie zu denken, deren Erfolg zunächst mal abgewartet werden sollte. Bevor eine Überweisung an eine Sonderschule tatsächlich eingeleitet wird, sollte auf jeden Fall ein gemeinsames Gespräch zwischen Schule und Eltern stattfinden, bei dem die Eltern aufgeklärt werden und nochmals nach gemeinsamen Lösungen gesucht wird. Oft ist es gut, wenn dabei ein Schulpsychologe bzw. auswärtiger (unabhängiger) Experte hinzugezogen wird, der als Mittler auftritt.

In Einzelfällen (besonders bei negativen Lehrer-Kind-Beziehungen, mangelnder Kooperationsbereitschaft der Lehrer, Sündenbockrolle des Kindes in einer Klasse) ist es sinnvoll, das Kind in eine Klasse mit neuen Lehrern wechseln zu lassen, die ihm ohne Vorbehalte begegnen.

9 Professionelle Hilfe – ein Überblick

Hier geht es um Hilfen, die über das hinausgehen, was eine Familie selbst tun kann. Solche Hilfen werden vor allem von Psychologen und Ärzten (Fachärzten für Kinder- und Jugendpsychiatrie, Kinderärzten) angeboten. Ergotherapeuten, Motopädagogen und Logopäden bemühen sich ebenfalls um aufmerksamkeitsgestörte/überaktive Kinder. Das Kapitel gibt einen Überblick über diese Hilfen und schätzt ein, was von den einzelnen Maßnahmen zu erwarten ist.

Suchen Sie professionelle Hilfe für Ihr aufmerksamkeitsgestörtes/überaktives Kind? Kein Problem – Sie werden auf ein reichhaltiges Angebot treffen, das von der Bioresonanztherapie über die Familientherapie bis zu stationären Klinikaufenthalten reicht. Meist wird man Ihnen im Brustton der Überzeugung versichern, daß die jeweilige Therapie die *einzig* richtige ist, sich alle anderen dagegen bestenfalls um positive Ergebnisse bemühen oder sogar pure Scharlatanerie sind. In diesem »Supermarkt der Angebote« fällt es oft schwer, den Überblick zu behalten und die tatsächlichen Hilfen von den weniger tauglichen oder sogar unseriösen Angeboten zu unterscheiden. Tatsächlich gibt es aber sehr gute und aufwendige Untersuchungen darüber, wie wirksam einzelne Behandlungsangebote (Therapien) sind.

Die folgenden Therapien beziehen sich hauptsächlich auf die Kernsymptome der Aufmerksamkeitsstörung und deren unmittelbare Folgen. Sie gelten nach wissenschaftlichen Erfahrungen als *erfolgreich*:

- *Verhaltenstherapie:* Solche Methoden sind dann ganz besonders wirksam, wenn die Familie und wichtige Personen aus dem Umfeld des Kindes in die Behandlung miteinbezogen werden. Diese Therapie ist gegenwärtig eine der erfolgreichsten (vgl. Saile 1996). In Kapitel 10 »Psychologische Behandlung/Verhaltenstherapie« wird diese Therapieform ausführlicher erläutert.
- *Familientherapie mit verhaltensorientierter Ausrichtung:* Diese Therapie bezieht die gesamte Familie mit ein. Die Veränderung problematischer Beziehungsmuster steht dabei im Mittelpunkt, um eine günstigere Entwicklung zu erreichen.
- *Medikation mit anregenden Mitteln:* Diese verringern vor allem die Kernsymptome der Aufmerksamkeitsstörung – die körperliche Unruhe und die Unbedachtheit des Kindes – und machen es auch sozial umgänglicher. Ein möglicher Erfolg bleibt aber nur so lange erhalten, wie das Medikament eingenommen wird. Setzt man es ab, ist das alte Problem meistens wieder da. Deshalb empfiehlt man immer eine Kombination von Medikamenten mit einer übenden (Verhaltens-)Therapie. Die Behandlung mit Medikamenten wird in Kapitel 11 näher erklärt.
- *Kombination von Verhaltenstherapie und Medikation:* Dieses »Behandlungspaket« erweist sich dann als günstig, wenn beide Maßnahmen gut aufeinander abgestimmt sind und die Medikation schrittweise und zügig »ausgeblendet«, also zurückgenommen wird. Im Einzelfall muß allerdings auch eine längerfristige Begleitmedikation erwogen werden. Auch die Kombination von medikamentöser Behandlung mit einer Verhaltenstherapie wird in Kapitel 11 ausführlich besprochen.
- *Entspannungstraining für das Kind:* Entspannende Verfahren wie Biofeedback oder Autogenes Training erweisen sich oft als günstig, um die Symptomatik abzubauen. Es empfiehlt sich jedoch, diese Behandlung mit einer verhaltenstherapeutischen und übenden Therapie zu verbinden.

113

Eher *mäßige oder nur geringe Erfolge* haben hingegen die folgenden Therapien, die oft mit großem Anspruch angeboten und propagiert werden. Sie beziehen sich auf indirekte, weitere Folgen der Aufmerksamkeitsstörung. Ihre geringere Wirksamkeit ist auch dadurch zu erklären, daß sie nicht am Störungsbild ansetzen, sondern sich eher auf allgemeinere Begleiterscheinungen richten.

- *Diät-Therapie:* Sie erweist sich langfristig meist als wenig wirksam. Bei älteren Kindern, die wissen, daß eine Diät durchgeführt wird, glauben die Eltern oft, Erfolge feststellen zu können. Solche Veränderungen lassen sich aber sehr selten als eindeutige Effekte der Diät bestätigen. Die Mehrzahl der Untersuchungen belegt allenfalls geringfügige Verbesserungen oder gar nur sogenannte »Placeboeffekte«. In anderen Fällen führt die Diät wohl auch deshalb zu Änderungen beim betroffenen Kind, weil sich dadurch die familiären Bedingungen und die Erklärungen für die Aufmerksamkeitsstörung verändern. Hier ist dann weniger die Diät als vielmehr die Veränderung in der Familie wirksam. Ausführlicher berichten wir über die Ergebnisse von Diät-Therapien in Kapitel 12.
- *Motorische Übungsbehandlung:* Hier wird versucht, die Geschicklichkeit und das sonstige grob- und feinmotorische Verhalten der Kinder zu verbessern, was auch vielfach gelingt. Die Schwierigkeiten des Kindes hinsichtlich Aufmerksamkeit, Impulsivität und Überaktivität werden jedoch nicht gezielt verändert. Infolgedessen kann man eine solche Behandlung auch nur dann empfehlen, wenn sich Kinder in der Fein- und/oder Grobmotorik schwertun. Es ist aber nicht zu erwarten, daß sich die grundlegenden Schwierigkeiten aufmerksamkeitsgestörter Kinder aufgrund dieser Behandlung bessern. Ausführlicher wird die motorische Übungsbehandlung in Kapitel 13 geschildert und beurteilt.
- *Psychoanalytische Behandlung:* Diese Therapie geht davon aus, daß die Aufmerksamkeitsstörung Ausdruck tiefergehen-

der Probleme ist. Deshalb versucht eine psychoanalytische Behandlung, die »eigentlichen« und tieferliegenden Probleme so aufzudecken, daß das Kind sie verstehen und »bearbeiten« kann. Hierfür gibt es verschiedene Möglichkeiten: In der Therapie wird mit dem Kind gespielt und sein Spiel behutsam gedeutet. Es werden Aktivitäten angeboten (etwa Spiel mit Schlamm oder Modelliermaterial oder auch Sandsackboxen), die die tieferliegenden Motive des Kindes zum Vorschein bringen sollen. Begreiflicherweise haben diese Behandlungen nur geringen Nutzen, wenn es sich um ein wirklich aufmerksamkeitsgestörtes Kind handelt. So gibt es denn auch kaum ernst zu nehmende Belege für die Wirksamkeit. Wir fanden trotz intensiver Suche neben einigen Einzelfallbeschreibungen nur *eine* systematische Untersuchung zur Wirksamkeit dieser Behandlung bei aufmerksamkeitsgestörten Kindern (Fonagy und Target 1994). Die beiden Forscher kommen zu dem Schluß, daß die psychoanalytische Behandlung bei 4 von 11 untersuchten Kindern zu einer bedeutsamen Besserung führte. Angesichts der sehr intensiven Behandlung von zumeist 4 bis 5 Sitzungen pro Woche ist das Ergebnis wenig überzeugend. Die Besserungsrate erhöht sich zwar nach mehreren Jahren, angesichts der Dringlichkeit der Probleme aufmerksamkeitsgestörter Kinder ist zu einer solch zeitaufwendigen und langandauernden Behandlung aber nicht zu raten.

- *Heilpädagogische Behandlung:* Durch Übungen werden den Kindern vor allem ganz allgemeine Grundfertigkeiten vermittelt, die die Informationsverarbeitung fördern, und es werden Routinen für die Schule eingeübt. Eine solche Behandlung kann durchaus zu Erfolgen führen, wenn es gelingt, an den spezifischen Schwächen des Kindes anzusetzen und diese durch Üben zu verändern. Seien Sie allerdings kritisch, wenn Ihnen mit umfassendem Geltungsanspruch erzählt wird, daß die Aufmerksamkeitsstörung Ihres Kindes in Wirklichkeit Ausdruck einer »sensorischen Integrationsstörung«, einer »Diskriminationsschwäche« oder einer »Wahrnehmungsschwäche« sei.

Damit sind drei in diesem Bereich sehr populäre Erklärungs-
versuche angesprochen, die einer wissenschaftlichen Überprüfung kaum standhalten. So können sich im Einzelfall – eine
sorgfältige Diagnostik vorausgesetzt – durchaus Hinweise darauf finden, daß die Kinder Schwierigkeiten haben, Wichtiges
von Unwichtigem zu unterscheiden oder Wahrgenommenes
richtig einzuordnen und bei der weiteren Verarbeitung die dafür
notwendigen Fertigkeiten zu mobilisieren. Das rechtfertigt es
aber nicht, pauschal von einer »Wahrnehmungs-« bzw. »Diskriminationsschwäche« bei diesen Kindern zu sprechen. So
konnten auch Kavale und Mattson bereits 1986 bei der Ana-
lyse von 180 Studien zum Wahrnehmungstraining feststellen,
daß die Wirksamkeit einer solchen Behandlung äußerst gering
ist.

Eine Reihe weiterer Behandlungsangebote ist als eher *fraglich
oder sogar abträglich* zu beurteilen. Diese Behandlungen gehen
von objektiv falschen Vorstellungen über die Aufmerksamkeitsstörung aus oder haben sogar nachteilige Folgen für das Kind.
Mit der Aufmerksamkeitsstörung haben diese Therapien nur
noch wenig zu tun; sie sind eher »Glaubenssache« oder basieren
auf einer bestimmten Ideologie:

● *Bach-Blüten-Therapie:* Im Zusammenhang mit der umstritte-
nen Bach-Blüten-Therapie berichtet Goldner (1995), daß sich
bei den chemischen Analysen der Blüten keinerlei Wirkstoff
(außer Alkohol) nachweisen ließ. Zwischen den einzelnen
Essenzen konnte nicht der geringste Unterschied festgestellt
werden. Nach Goldner gibt es außer der »Intention« des Eng-
länders Edward Bach, nach dem die Therapie benannt ist, keinerlei Erklärung für den angeblichen Zusammenhang zwischen bestimmten Blüten und Charaktereigenschaften oder
Erkrankungen. Kritiker der Bach-Blüten-Therapie stufen sie
als eine Mischung aus Scharlatanerie, Aberglauben und
Geschäftemacherei ein.

- *Festhaltetherapie:* Sie geht – durchaus berechtigt – von biologischen Ursachen des Verhaltens aus, versucht aber allzu kurzschlüssig, daraus eine Therapie zu machen. Darüber hinaus wirft die Therapie erhebliche ethische Probleme auf bzw. mißachtet die Persönlichkeit des Kindes. In der Fachliteratur liegen jedenfalls keine wissenschaftlichen Untersuchungen vor, die eine positive Wirkung dieser Vorgehensweise bei kindlichen Aufmerksamkeitsstörungen belegen.

- *Kinesiologie (Edukinesiologie):* Dieses Verfahren geht von Vermutungen über vermeintlich ungenutzte Ressourcen in der Zusammenarbeit der beiden Hirnhälften aus und bietet recht dubiose Übungen an, um die Blockaden von Hirnbahnen wieder aufzuheben. Die Stiftung Warentest hat diese Therapie als »Salontrick« eingestuft.

Odyssee durch den Helferdschungel

Frau B., Mutter des zehnjährigen Thomas, berichtet:
»Die Tatsache, daß mein Kind Hilfe braucht, ist mir schon längst klar, aber wie soll ich entscheiden, welches der vielen Angebote seriös und erfolgversprechend ist? Schließlich wurde ich schon von allen Seiten mit guten Ratschlägen bedacht, und jeder schien den ›Stein der Weisen‹ entdeckt zu haben.

Eine Bekannte aus meiner Selbsthilfegruppe schwor auf Bach-Blütenextrakte; bei ihrem Sohn hätten die sofort geholfen. Ein bißchen skeptisch war ich zwar, mich an einen Heilpraktiker zu wenden. Wir haben es dann aber doch ausprobiert – man klammert sich ja an jeden Strohhalm. Als der Erfolg ausblieb, fing die Suche von vorne an. Mein Hausarzt riet zu einer ausschließlich medikamentösen Therapie; alles andere sei ›Humbug‹ der Psychologen. Doch in einer Zeitschrift las ich dann, daß Medikamente alleine nicht ausreichen. Auch im Fernsehen wurde das Thema Überaktivität angesprochen. Als ich einen Bericht sah, in dem Diät-Therapien als das Non-Plus-Ultra dargestellt wurden, glaubte ich wieder mal: ›Das ist jetzt die Lösung!‹ Wir haben Tho-

117

mas dann auf eine eventuelle Ernährungsallergie untersuchen lassen. Es ließ sich aber keine nachweisen. Schließlich folgten ›Sensorische Integration‹ bei einem Ergotherapeuten und psychomotorisches Turnen. Jedes Mal habe ich von neuem gehofft, daß sich jetzt wirklich alles ändert.

Ich möchte aber nicht mehr alles mögliche ausprobieren. Thomas scheint mit jedem weiteren Besuch bei einer Einrichtung unsicherer zu werden, und das Bild, das er von sich hat – ›mit mir stimmt sowieso etwas nicht‹ –, verfestigt sich immer mehr.«

Hinweise für die Auswahl einer Behandlung

Bei der Behandlung einer Aufmerksamkeitsstörung braucht man nicht bei »Null« anzufangen. Man muß das Rad nicht neu erfinden! Es gibt schließlich hinreichend Erfahrungen mit Diagnose- und Behandlungsmaßnahmen, die fruchtbar und erfolgversprechend sind. Die Deutsche Gesellschaft für Kinder- und Jugendpsychiatrie und -physchotherapie hat 1999 Leitlinien zur Diagnostik und Therapie von Aufmerksamkeitsstörungen und Hyperaktivität verabschiedet.

Für die *Diagnostik* wird danach als notwendig vorausgesetzt:

• Die bestehenden Probleme eines Kindes sollten so untersucht werden, daß *Eltern, Lehrer bzw. Erzieher und auch das Kind* selbst zu Wort kommen. Neben Befragungen zur aktuellen Problematik (u.a. Häufigkeit, Intensität der Verhaltensprobleme) und zum bisherigen Verlauf der Störung werden zusätzliche Informationen eingeholt über Fragebögen, Telefonate oder Berichte.

• Das Kind soll auch *körperlich untersucht* werden, wozu eine Vorstellung beim Kinder- bzw. Hausarzt gehört. Je nach Fragestellung kann auch eine Untersuchung beim Neurologen oder Internisten erforderlich werden.

• Eine *testpsychologische Untersuchung* soll zumindest eine grobe Einschätzung der Intelligenz ermöglichen. Bei Hinweisen auf Leistungsprobleme oder schulische Unterforderung (ggf. Hochbegabung) ist eine ausführlichere Untersuchung der Intelligenz und der schulischen Teilleistungen notwendig.

Die *Behandlung* soll mehrere Bausteine umfassen, wobei folgende Elemente wichtig sind:

• Aufklärung und Beratung der Elterm sowie des Kindes und der Lehrer bzw. Erzieher über die Störung (u. a. Ursachen, Verlauf).

• *Training der Eltern* und Intervention in der Familie: Ein solches Elterntraining wird insbesondere zur Behandlung von Vorschulkindern empfohlen.

• Eine *Intervention im Kindergarten und in der Schule*, wozu auch Überlegungen gehören, wo das Kind am besten unterrichtet werden kann und wo es am besten aufgehoben ist.

• Eine *kognitive Therapie des Kindes* (ab etwa 6 Jahren) zur Verminderung seines impulsiven und unorganisierten Verhaltens (vgl. Kapitel 10).

• Eine *Pharmakotherapie* wird dann als angezeigt erachtet, wenn eine stark ausgepägte Symptomatik mit krisenhafter Zuspitzung (z. B. drohende Umschulung in eine Sonderschule) vorliegt.

• Die Behandlung sollte hinsichtlich ihres Verlaufes regelmäßig überprüft werden.

Sie finden die Leitlinien der Deutschen Gesellschaft für Kinder- und Jugendpsychiatrie und -psychotherapie im Internet unter: www.uni-duesseldorf.de/WWW/AWMF/ll/kjpp-019.htm).

Wie können Sie herausfinden, ob der Arzt oder Psychologe geeignet ist, an den Sie sich mit Ihren Problemen wenden? Vereinbaren Sie ein Erstgespräch und erkundigen Sie sich, ob er speziell mit der Behandlung von aufmerksamkeitsgestörten Kindern Erfahrung hat. Achten Sie darauf, ob Ihr Gegenüber auch über neuere Behandlungsansätze informiert ist, denn gerade in den letzten Jahren hat sich sehr viel auf diesem Gebiet getan. Fragen Sie ganz unbefangen, ob er eine bestimmte Behandlungsart bevorzugt, und wenn ja, welche. Wenn Ihr Gesprächspartner über solche Fragen ungehalten ist, nervös oder unsicher wird oder Sie sogar herablassend behandelt, sollten Sie lieber einen Termin in einer anderen Praxis vereinbaren.

Über Behandlungsmöglichkeiten können Sie sich auch bei verschiedenen kommunalen Einrichtungen oder bei Verbänden informieren. Dafür kommen in Frage:

- das nächste Gesundheitsamt, wo Sie die Adressen von sogenannten psychosozialen Einrichtungen erfahren können, also von Erziehungsberatungsstellen, Ärzten, Praxen niedergelassener Psychologen und von heilpädagogischen Praxen;
- die Kassenärztliche Vereinigung, die sich zumeist in der nächstgelegenen Bezirkshaupt- bzw. Kreisstadt befindet. Hier erhalten Sie Anschriften von Ärzten und Psychologen, die sich auf die Behandlung von Kindern und Jugendlichen spezialisiert haben und die direkt mit den Krankenkassen abrechnen können;
- sogenannte psychosoziale Arbeitsgemeinschaften, die es in verschiedenen Städten gibt und die die Aktivitäten der verschiedenen Einrichtungen (Erziehungsberatungsstellen, Ärzte, Kliniken, Praxen) koordinieren. In der Regel wird man Ihnen die Adresse einer solchen Arbeitsgemeinschaft im Sozial- oder im Jugendamt geben können;
- der Berufsverband Deutscher Psychologen (Heilsbachstraße 22, 53123 Bonn), der Ihnen gerne Informationen über psychologische Praxen zusendet;
- Krankenkassen, die oft mit einzelnen Praxen zusammenarbeiten und Ihnen die Adressen von Arztpraxen und zur Abrechnung zugelassener Diplom-Psychologen geben;

- Schulpsychologen, die zumeist einen guten Überblick über Behandlungsmöglichkeiten vor Ort haben und auch die Möglichkeiten für die Betreuung der Kinder an den Schulen kennen.

All diese Einrichtungen bleiben allerdings neutral, das heißt, sie geben Ihnen keine direkten Empfehlungen für bestimmte Praxen.

Die Diagnose

Wie bei den Qualitätskriterien bereits besprochen, ist es sehr wichtig, daß eine genaue Diagnose gestellt wird, denn man kann dem kindlichen Verhalten schließlich nicht »ansehen«, ob es sich um eine Aufmerksamkeitsstörung, eine reaktive Störung, eine unverdächtige und vorübergehende Schwierigkeit oder gar um eine ganz andersartige Beeinträchtigung handelt. Das Ergebnis der eingehenden Diagnostik klärt also, ob tatsächlich eine Aufmerksamkeitsstörung vorliegt und wenn ja, welche Behandlung angesagt ist.

Es gibt ganz genaue Vorgaben, die bei der Diagnose »Aufmerksamkeitsstörung« überprüft werden (in Anhang A sind die offiziellen Bestimmungskriterien des Diagnostischen und Statistischen Manuals Psychischer Störungen, DSM-IV, abgedruckt). Deshalb wird die Diagnostik auch nach strengen Regeln durchgeführt. Nach den aktuell verbindlichen Behandlungsrichtlinien verläuft die Diagnostik in einer psychologischen bzw. ärztlichen Praxis so, wie Sie es der nachstehenden Tabelle entnehmen können. Im Anschluß an die Tabelle werden die einzelnen Maßnahmen näher erläutert.

Maßnahme	Auskunftsperson
1. Erhebung der Problemgeschichte:	
● Ausführliches Gespräch zur Vorgeschichte	Eltern
● Eventuell Fragebogen zu typischen Merkmalen der Aufmerksamkeitsstörung	Eltern
● Gespräch mit dem Kind über seine derzeitige Situation	Kind
2. Diagnosefindung:	
● Überprüfung, ob die Diagnosekriterien erfüllt sind	Eltern/Kind
● Schlußfolgerungen des Therapeuten	
3. Weitere Untersuchungen:	
● Verschiedene Testverfahren, etwa Überprüfung der Konzentrationsleistung, Verhaltensbeobachtung im Unterricht	Kind
4. Bestimmung des Störungsschwerpunktes:	
● Arbeitsproben	Kind
● Schlußfolgerung des Therapeuten	Kind

Tabelle 1: Die Diagnostik nach den Behandlungsrichtlinien

Erhebung der Problemgeschichte

Der erste Schritt in der Diagnostik ist ein ausführliches Untersuchungsgespräch, das der Psychologe oder Arzt mit den Eltern führt. Dabei werden Sie z. B. nach eventuellen körperlichen Beschwerden, nach den verschiedenen Symptomen und nach bisherigen Behandlungen/Maßnahmen gefragt; ferner danach, wann, wo und wie lange schon Probleme auftreten. Eventuell wird Ihnen zu diesem Zeitpunkt auch ein Fragebogen vorgelegt (ähnlich wie der im Anhang B).

Dieses Gespräch hat einen orientierenden (»explorativen«) Charakter; damit soll herausgefunden werden, wie die Probleme

Ihres Kindes zu erklären sind und in welche Richtung die weiteren Überlegungen gehen könnten. Ein solches Gespräch kann bis zu einer Stunde dauern. Alle Erfahrungen zeigen, daß es sich lohnt, diese Zeit zu investieren. Nach dem Gespräch sind in der Regel viele Unklarheiten beseitigt.

Wichtig ist, daß Sie in diesen Gesprächen auch über Ihre familiäre Situation, gegebenenfalls über besondere Belastungen einzelner Familienmitglieder u. ä., Auskunft geben. In dieser Phase wird natürlich auch mit dem Kind gesprochen, um zu erfahren, wie es die Situation sieht und welche Schwierigkeiten es besonders belasten.

Diagnosefindung

Bei Verdacht auf eine Aufmerksamkeitsstörung wird dann anhand eines international gültigen Diagnoseschlüssels (DSM-IV, siehe Anhang A) überprüft, ob die für die Diagnose »Aufmerksamkeitsstörung« verlangten Kriterien erfüllt sind. Diese Kriterien sind z. B. häufige Zappeligkeit, nicht sitzen bleiben können und kaum ruhig spielen können. Jedes dieser Kriterien für Unaufmerksamkeit oder Überaktivität-Impulsivität muß vorliegen. Ferner müssen diese Symptome bereits vor dem siebten Lebensjahr aufgetreten sein, seit mindestens sechs Monaten bestehen und zu ernsten Beeinträchtigungen zu Hause, in der Schule oder beim Spielen mit Gleichaltrigen führen.

Weitere Untersuchungen

Mit Hilfe von verschiedenen psychologischen Untersuchungsverfahren verschafft sich der Therapeut selbst einen Eindruck vom tatsächlichen Verhalten des Kindes. Leicht können Vorurteile oder falsche Einschätzungen zu einer Fehldiagnose führen. Deshalb werden zusätzlich herangezogen:

- Konzentrationstests (Wie lange kann sich das Kind auf eine einfache Aufgabe konzentrieren?)
- Arbeitsproben mit Suchbildern, bei denen das Kind Unterschiede herausfinden soll. (Schaut das Kind genau hin, arbeitet es systematisch?)
- Beobachtungen in der Schule (z. B. Unterrichtsbeobachtungen) oder zu Hause, beim Hausaufgabenmachen (Wie geht das Kind an die Arbeit heran, verhält es sich dabei wirklich »aufmerksamkeitsgestört«?)

Bestimmung des Störungsschwerpunktes

Um eine wirkungsvolle Behandlung einleiten zu können, muß geklärt werden, wo die Hauptprobleme liegen. Bestehen beispielsweise ganz grundlegende Schwierigkeiten beim Aufnehmen von Informationen oder Bearbeiten von Aufgaben? Kann sich das Kind selbst nur schlecht steuern, z. B. nicht innehalten und darüber nachdenken, was es tut? Oder liegt der Schwerpunkt eher beim ungeplanten, unsystematischen Vorgehen? Ferner ist von Bedeutung, ob das Kind große Probleme beim Umgang mit anderen Menschen und ein eher negatives Selbstbild hat. Je nach Störungsschwerpunkt wird eine spezielle Therapie für das Kind entwickelt. Teilweise findet diese Therapie in Gruppen statt, insbesondere dann, wenn es um die Einübung von sozialen Fertigkeiten geht.

Sie sollten prüfen, ob die beschriebenen Diagnoseregeln eingehalten werden. Einer Diagnose, die gewissermaßen »freihändig« erstellt wird, sollten Sie mißtrauen. Ihr Kind hat nur dann Aussicht auf eine erfolgreiche Behandlung, wenn hinreichend genau geklärt ist, ob tatsächlich ein Aufmerksamkeitsproblem besteht. Eine »grobe« und »schnelle« Diagnose verringert die Behandlungschancen entscheidend. Ob zusätzliche Probleme im Sinne international üblicher Diagnosekriterien mit einer Aufmerksamkeitsstörung einhergehen und gegebenenfalls zu ergänzenden Behandlungsmaßnahmen führen, muß dabei selbstverständlich auch geklärt werden.

Die Behandlung

Was erwartet Sie nun bei der Behandlung? Was kommt auf Sie und was auf Ihr Kind zu?

Üblicherweise hat das Kind ein oder zwei Behandlungstermine pro Woche. Bei der Behandlung kommt es ganz wesentlich darauf an, daß das Kind seine Selbstkontrolle und Selbststeuerung verbessert und die Organisation komplexerer Tätigkeiten lernt. Das Kind soll üben, mit Aufgaben (etwa einen Aufsatz schreiben, eine Rechenaufgabe lösen) und mit sozialen Anforderungen (z. B. mit Gleichaltrigen Kontakt aufnehmen und halten, Wünsche einbringen, Kritik anbringen) angemessen zurechtzukommen.

Die Therapien tragen den Bedürfnissen des Kindes Rechnung, indem sie ihm zwar etwas abverlangen (etwa Aufgaben bearbeiten), ihm aber auch durch Spielphasen entgegenkommen. Die Therapie ist also so gestaltet, daß das Kind in der Regel gerne hingeht und zum Therapeuten eine gute Beziehung entwickelt. Oft wird für die Therapie eine Art »Vertrag« mit dem Kind abgeschlossen, in dem die Ziele und das Vorgehen sowie die regelmäßigen Termine festgehalten werden. So erlebt das Kind, daß es auch ernst genommen wird.

Soweit das Kind. Doch auch Ihre Mitarbeit ist wichtig! Das heißt, Sie werden immer über die Therapie, das Vorgehen und die Ziele aufgeklärt. Ferner werden von Anfang an Elternsitzungen vereinbart, bei denen darüber gesprochen wird, was in der Therapie gerade gemacht wird und wie Sie Ihr Kind im Alltag unterstützen können.

Dazu gehört auch, daß mit Ihnen ein Konzept erarbeitet wird, wie Sie das Kind in Ihrer Erziehung besser anleiten und schwierige Situationen (etwa beim Hausaufgabenmachen) vermeiden können. Dabei bleibt es nicht aus, daß Sie über den Familienalltag ins Gespräch kommen. Wie werden die alltäglichen Dinge geregelt? Wer übernimmt die Verantwortung wofür? Gibt es verbindliche Vereinbarungen (etwa Essenszeiten, gemeinsame Freizeit)? Die letzten Punkte gehen schon eher an das »Eingemachte«, aber da es in der Therapie nicht zuletzt darum geht, einen besseren Zusammenhalt und mehr Verbindlichkeit in der Familie zu schaffen, ist es wichtig, auch über solche Dinge zu sprechen, um bisherige Gewichtungen in der Familie unter Umständen zunächst in Frage zu stellen und dann neu zu regeln.

Manchmal geht es tatsächlich darum, den Familienalltag in seinen bisherigen Strukturen zu verändern. Die Bedenken, die aufkommen, wenn die Familie so nachdrücklich in den Mittelpunkt gestellt wird, sind nachvollziehbar. Eine Frage wie »Sie sind der Vater von Matthias. Wann beschäftigen Sie sich eigentlich mit ihm?« ist sicher nicht leicht zu beantworten und führt, wenn man sie ehrlich beantwortet, zu einigem Nachdenken und häufig auch zu Veränderungen. Wie so oft im Leben kann ein solcher Denkanstoß, der zunächst wie »bittere Medizin« erscheint, langfristig äußerst hilfreich sein.

Wenn es größere Spannungen in der Familie (etwa unklare Rollenverteilungen, Partnerschaftsprobleme) gibt, kann gemeinsam darüber nachgedacht werden, vorausgesetzt, die Eltern stimmen zu. Es ist jedoch keineswegs so, daß die Eltern automatisch »mittherapiert« werden, nach dem Motto: Wenn Ihr Kind Probleme hat, muß es auch Probleme in der Familie geben! Denn im Mittelpunkt der Therapie steht ja die Aufmerksamkeitsstörung, die zuvor sorgfältig untersucht und diagnostiziert wurde. Wenn im Verlauf der Therapie nun deutlich wird, daß daran auch große persönliche Probleme hängen, muß die Behandlung und muß vielleicht auch die ursprüngliche Diagnose überdacht werden. Dies

Thema	wann?	Methoden
Aufklärung über die Aufmerksamkeitsstörung	immer	Gespräch, Broschüre
Informationen über die Therapie	immer	Gespräch, Informationsblatt
Das Kind im Alltag unterstützen und anleiten	immer	Gespräch, Rollenspiel
Familienleben/Gestaltung des Familienalltags	in den meisten Fällen	Gespräch, Rollenspiel
Besprechung/Klärung von familiären Problemen	bei begründetem Bedarf	Familiengespräch
Eingehen auf persönliche Probleme	bei Bedarf *und* Zustimmung der Eltern	Therapie

Tabelle 2: Mitarbeit der Eltern

gilt auch für Auffälligkeiten, die in Verbindung mit Aufmerksamkeitsstörungen vorkommen. So könnte beispielsweise entschieden werden, zunächst mit der Aufmerksamkeitstherapie zu beginnen und dann persönliche Probleme bzw. die damit verbundenen Schwierigkeiten zu bearbeiten. Oder man läßt die Aufmerksamkeitstherapie ruhen, bis die persönlichen Probleme bereinigt sind. Sie könnten auch erwägen, für sich selbst anderswo Hilfe zu suchen, während Ihr Kind die Therapie weiterführt.

Um zu gewährleisten, daß auch in anderen Lebensbereichen des Kindes (Schule, Kindergarten, Gruppe der Gleichaltrigen) im weiteren Verlauf der Therapie Fortschritte erzielt werden, sollten Lehrer und/oder gegebenenfalls Erzieher miteinbezogen werden. Voraussetzung dafür ist immer, daß Lehrer und/oder Erzieher über die Störung hinreichend informiert werden und daß mit ihnen konkret geklärt und verbindlich verabredet wird, wie sie Ihrem Kind in der Schule oder im Kindergarten besser helfen können.

10 Psychologische Behandlung/ Verhaltenstherapie

In der Verhaltenstherapie lernt das Kind hauptsächlich, sein Verhalten besser zu steuern, sich vor vorschnellen Aktionen zu schützen und genau zu überlegen, »was angesagt ist«, auch wenn es darum geht, mit anderen Kindern besser zurechtzukommen. Die Eltern und die übrige Familie lernen, diese Ziele durch konstruktives Verhalten dem Kind gegenüber zu fördern. Diese Therapie wurde vielfach untersucht und gilt als wissenschaftlich gut abgesichert. Sie erfahren in diesem Kapitel, was Eltern und Kind bei einer solchen Behandlung erwartet.

Der Ansatzpunkt der Therapie

Die Verhaltenstherapie geht davon aus, daß Entwicklung und Aufrechterhaltung von Störungen viel mit dem Lernen von unangepaßtem Verhalten zu tun hat. Therapeutische Angebote richten sich deshalb vorrangig darauf, dem Kind ein neues, erfolgreiches Lernen zu ermöglichen. Dabei werden Erkenntnisse genutzt, die zeigen, daß wir hauptsächlich solche Verhaltensweisen beibehalten, die zu einem positiven Ergebnis führen bzw. geführt haben, und Verhaltensweisen unterlassen, die uns Ärger, Bestrafung oder Mißerfolg einbringen. Diese Lerngesetze macht sich die Verhaltenstherapie zunutze. In den letzten Jahren wurden verschiedene Therapien neu entwickelt und überprüft (Barkley 1990, Lauth und Schlottke 1997, Döpfner, Schürmann und Frölich 1997). Das Kind soll dabei lernen:

- sein eigenes Verhalten zu steuern (z. B. innehalten, nicht gleich dem ersten Impuls folgen, sich fragen, »was angesagt ist« etc.),
- sich Gedanken über eine Aufgabe oder eine soziale Situation zu machen (z. B. Was liegt vor? Was wäre eine gute Lösung?),
- beim Lösen von Aufgaben genauer hinzuschauen, genauer hinzuhören und die Informationen wirklich aufzunehmen.

Das Kind steht zwar im Mittelpunkt der Therapie, doch auch die Eltern werden einbezogen – sie sollen lernen:

- das Verhalten des Kindes günstiger zu beeinflussen,
- den Alltag so zu gestalten, daß möglichst wenig Probleme auftreten,
- Anweisungen so zu geben, daß sie vom Kind auch befolgt werden (können).

Um diese Ziele zu erreichen, wird der Therapeut den Eltern Informationen vermitteln, mit ihnen über Vor- und Nachteile einzelner Verhaltensstrategien sprechen, einige Verhaltensweisen im Rollenspiel ausprobieren und sie dabei unterstützen, diese im Alltag umzusetzen.

Wo erhält man eine Behandlung – und wer bezahlt sie?

Für eine psychologische Behandlung von Kindern und die Beratung ihrer Eltern gibt es verschiedene Möglichkeiten:

- Bei Erziehungsberatungsstellen oder Beratungsstellen für Ehe, Familien und Kinder ist dieses Angebot im allgemeinen kostenfrei, oder es wird nur ein vergleichsweise geringes Entgelt verlangt. Die Träger solcher Beratungsstellen sind zumeist Kommunen oder Kirchen (z. B. Städte, Landkreise, Wohlfahrtsverbände). In der

Regel muß man deshalb auch längere Wartezeiten in Kauf nehmen. Diese Einrichtungen bieten hauptsächlich Beratung an, seltener längere Therapien, und wenden sich vor allem an die Eltern.

- Niedergelassene Psychologen sind privatwirtschaftlich organisiert und verlangen Gebühren. Im Einzelfall ist eine direkte Abrechnung mit den Krankenkassen möglich. In der Regel wird das Kind auch dem Arzt vorgestellt.

- Ärztliche Praxen und Ambulanzen arbeiten nach kassenärztlichen Regelungen. Die Kosten für die Behandlung werden im Rahmen der »normalen« ärztlichen Abrechnung mit den Kassen übernommen.

- Einrichtungen der Kinder- und Jugendpsychiatrie nehmen die Kinder zumeist stationär auf; dort werden sie häufig mit einer Kombination von Medikation und Psychotherapie behandelt. Hier werden die Kosten in der Regel ebenfalls von den Kassen übernommen.

Kosten für unterstützende Therapien oder Fördermaßnahmen werden im Rahmen der sog. Eingliederungshilfe unter Umständen vom Sozialamt nach Bundessozialhilfegesetz oder vom Jugendamt nach Kinder- und Jugendhilfegesetz übernommen. Kinder und Jugendliche haben dann einen Anspruch auf Eingliederungshilfe, wenn sie »nicht nur vorübergehend« körperlich, geistig oder seelisch »wesentlich behindert« sind oder wenn eine solche Behinderung droht (§§ 39/40 BSHG bzw. 35a KJHG). Die gutachterlichen Verfahren zur Feststellung einer solchen Behinderung werden regional unterschiedlich gehandhabt. Beratung erhält man im jeweiligen Gesundheitsamt, beim Sozialamt oder Jugendamt.

Wie sieht die Therapie aus?

Für das Kind wird ein spezieller Behandlungsplan entworfen, der aus verschiedenen Therapiebausteinen besteht (z. B. Behandlung der Grundstörung, Verbesserung des Sozialverhaltens, Verbesserung des Arbeitsverhaltens in der Schule, Entspannungsübungen). Wie die einzelnen Therapiebausteine aussehen sollten, wird im folgenden genauer erklärt (vgl. Lauth und Schlottke 1997):

Erlernen von Selbststeuerung

Die Kinder sollen lernen, ihr Verhalten besser zu regulieren, was vor allem bei eingeschränkter Daueraufmerksamkeit, stark ausgeprägter Impulsivität und starker Bewegungsunruhe Ihres Kindes geboten ist. Im einzelnen geht es um folgende Inhalte:

- *Dem Kind vermitteln, wie seine Schwierigkeiten zu erklären sind:* Dem Kind wird, seinem Alter entsprechend, Wissen über Aufmerksamkeitsstörungen vermittelt. Das Kind soll erkennen, worin seine Schwierigkeiten genau bestehen und wie es sie mit eigener Anstrengung in den Griff bekommen kann. Wichtig ist dabei, mit ihm eine einvernehmliche Sichtweise der Problematik zu erarbeiten und seine Motivation zur Mitarbeit zu wecken. Danach wird meistens ein Vertrag mit dem Kind geschlossen, der die Ziele der Behandlung festhält und festlegt, wann man sich trifft und was dabei getan wird. In der Regel finden Kinder eine solche Vereinbarung gut, weil sie damit als Partner ernst genommen werden und ihnen eine eigenständige Rolle eingeräumt wird.
- *Einübung von Basisfertigkeiten:* Bevor es richtig »zur Sache geht«, üben die Kinder sogenannte Basisfertigkeiten ein, also vergleichsweise einfaches Verhalten, wie genau hinzuschauen, genau zuzuhören oder Wahrgenommenes wiederzugeben.

131

Solche Grundfertigkeiten sind Voraussetzung für kompliziertere Tätigkeiten. Dabei werden zunächst Übungsmaterialien
eingesetzt, die man mit wenig Vorwissen bearbeiten kann, wie
Labyrinthaufgaben, Zuordnungsaufgaben und Aufgaben, die
genaues »Hinhören« verlangen. So lernen die Kinder zum
Beispiel, anhand von systematischen Bildbeschreibungen
genau hinzuschauen, detailreich zu beschreiben und auch
weniger auffällige Einzelheiten zu beachten.

- *Einsatz eines Belohnungssystems:* Erwünschtes Verhalten
wird gezielt belohnt. Dabei bekommt das Kind für jeden
Schritt in diese Richtung sofort eine klare Rückmeldung in
Form einer Wertmarke. Diese Wertmarken werden nach genau
festgelegten Regeln vergeben bzw. bei grobem Fehlverhalten
auch wieder abgezogen. Die so gesammelten Marken können
später gegen kleine Belohnungen (Jojo, Aufkleber, Matchbox-
Autos u. ä.) eingetauscht werden. Auch die Regeln für den
Eintausch werden vorher genau festgelegt.

- *Ausbildung von Reaktionskontrolle:* Das Kind lernt, erst innezuhalten und nachzudenken, bevor es etwas tut. Im Rahmen
eines »Selbstinstruktionstrainings« erwirbt es die Fähigkeit,
sich selbst Anweisungen zu geben und sich dadurch selbst zu
steuern. Dazu wird eine Signalkarte (siehe Abb. 4) benutzt, die
zum Symbol für »innehalten«, »nachdenken« und »überlegen« werden soll. Das verzögerte und überlegtere Vorgehen
soll das Kind vor allem im Alltag praktizieren. Um das zu
erreichen, diskutieren Kind und Therapeut, in welchen Situationen eine Reaktionskontrolle gut ist und welche Erfahrungen das Kind damit macht. Diese Dialoge mit dem Kind sind
immer so angelegt, daß das Kind die Schlußfolgerung für sich
selbst zieht – schließlich ist die Einsicht des Kindes notwendig, um Veränderungen zu erreichen. Ein solches Vorgehen ist
typisch für das gesamte Trainingsprogramm.

Abb. 4: Signalkarte »Halt! Stop! Erst nachdenken!«

Darüber hinaus ist die Therapie so angelegt, daß das Kind beispielhaft lernt, wie es sich richtig verhalten soll. Die Therapie ist deshalb so gestaltet, daß das Kind möglichst wenig Fehler macht. Der Therapeut zeigt dem Kind zunächst, worauf es ankommt. Das Kind braucht dieses Verhalten dann nur noch zu übernehmen und in möglichst vielfältigen Alltagssituationen anzuwenden.

In den Therapieverlauf werden immer wieder Spielphasen eingeplant, bei denen die Kinder mit dem Therapeuten etwas unternehmen. Wenn die Therapien gut geplant sind, lernen die Kinder auch beim Spielen, warum Aufmerksamkeit so wichtig ist und worauf es dabei ankommt.

Idealerweise werden diese Therapien von einem Entspannungstraining begleitet. Die kindgemäße Form eines solchen Trainings leitet die Kinder durch Geschichten und Vorstellungsbilder an, sich zu entspannen. Phantasievolle Geschichten sind dafür besonders geeignet.

Lernen, geplant vorzugehen

Die Kinder sollen bei der Therapie lernen, ihr Verhalten im voraus zu planen und einer übergeordneten Strategie zu folgen. Sie werden angeleitet, ihr Verhalten durch »inneres Sprechen« zu steuern. Das ist hauptsächlich für solche Kinder nützlich, die sehr unsystematisch und planlos an die Dinge herangehen, rasch den Überblick verlieren und vor allem bei komplizierten Aufgabenstellungen überfordert sind. Wesentliche Bestandteile sind dabei:

- *Ableitung der Therapieziele:* Die Therapieziele werden »kindgerecht« in Diskussionen mit dem Therapeuten entwickelt. Der Therapeut diskutiert hier beispielsweise mit den Kindern, wann sie Schwierigkeiten haben, wann diese Schwierigkeiten weniger stark vorhanden sind und was zu dem einen bzw. dem anderen beiträgt. Letztlich sollen die Kinder erkennen, daß es nützlich ist, sich selbst dann Fragen zu stellen, wenn es schwieriger oder komplizierter wird, etwa »Worum geht es hier?«, »Wie gehe ich vor?« oder »Habe ich eine Idee?«.

• *Einüben einer allgemeinen Problemlösungsstrategie:* Hier lernen Kinder eine ganze Reihe von Selbstanweisungen, die ihnen zu erfolgreichen Problemlösungen verhelfen können, u. a. »Ich will anfangen!«, »Was ist meine Aufgabe?«, »Ich mache mir einen Plan!«. Jede dieser Selbstanweisungen ist durch eine Signalkarte veranschaulicht. Die Kinder beobachten, wie der Therapeut diese Karten zur Aufgabenlösung einsetzt und seine Gedanken dabei laut ausspricht. Dann werden sie selbst zu solchen verbalen Handlungsanweisungen angehalten, zunächst laut ausgesprochen, später nur noch flüsternd; gegen Ende des Trainings gehen sie zunehmend in ein »inneres Sprechen« über.

• *Übertragung der Strategie auf zunehmend komplexere Materialien:* Anfangs werden die neu erlernten Vorgehensweisen an einfachen Aufgaben eingeübt, dann auf zunehmend anspruchsvollere Aufgaben übertragen (z. B. verschiedene Reihungsaufgaben). Schließlich werden offenere Aufgaben gestellt, bei denen es notwendig ist, eigene Lösungswege abzuleiten (z. B. logische Ergänzungsaufgaben).

• *Übertragung des Vorgehens auf schulische Inhalte*: Von entscheidender Bedeutung für den Erfolg des Trainings ist die Einsicht der Kinder, daß die erlernten Strategien in sehr vielen, ganz unterschiedlichen Alltagssituationen hilfreich sind. Um ihnen diese Erfahrung nahezubringen, werden in den letzten Trainingseinheiten schulische Inhalte aufgegriffen (etwa selbständige Fehlersuche beim Diktat, einen Sachbuchtext bearbeiten).

Wie denkt das Kind über die Therapie?

Interview mit dem neunjährigen Marcel zur Aufmerksamkeitstherapie:

»Wie war das Training denn für Dich?«

»Ziemlich schön. Wir haben Spiele gemacht, und die Trainerin war sehr nett. Ich hab ein paar Tricks gelernt und so. Manchmal haben wir auch Aufgaben gemacht, wo man sich konzentrieren mußte und auch langsam vorgehen, nicht zu schnell, erst überlegen: Wie denn? Da waren Trickkarten. Damit mußte man sagen, wie das geht, wie man die Aufgabe löst.«

»Wendest Du die Tricks an, die Du gelernt hast?«

»Ja, manchmal, wenn ich sie brauche. Aber nicht immer, wenn die Sachen so leicht sind. Dann vergeß ich sie. Bei den Hausaufgaben, da sag ich erst: Was ist meine Aufgabe? Oder in der Schule, wenn wir was rechnen müssen. Bei mir klappt das beim Rechnen. Wenn nämlich irgend etwas mit ›minus‹ oder ›mal‹ kommt, dann ist es schon ein bißchen leichter für mich.

Und zu Hause natürlich. Wenn ich zum Beispiel wütend war, hab' ich sonst immer eine Tür geknallt, und Mama war sauer. Jetzt denk ich: ›Halt! Stop! Erst nachdenken!‹ und atme zweimal tief durch, dann brauch ich meistens keine Tür mehr zu knallen. Meistens.«

»Bist Du gern gekommen?«

»Na klar! Aber es nimmt ein bißchen Zeit weg. Ich kann mich dann nicht verabreden an dem Tag. Aber das Training hat mir schon was gebracht. Ich kann jetzt manche Dinge besser machen. Ich habe jetzt schon zwei Zweier geschrieben, und ich glaube, ich kriege auch sonst nicht mehr soviel Ärger.«

Was Eltern in der Therapie lernen

Eine umsichtige Behandlung bezieht immer auch die Eltern mit ein. Dabei geht es um folgende Schwerpunkte:

● *Praktisches Wissen über die Aufmerksamkeitsstörung:* Den Eltern wird praktisches Wissen über Aufmerksamkeitsstörungen und deren Auswirkungen vermittelt. Es ist besonders wichtig, daß sie lernen, die Aufmerksamkeitsstörung ihres Kindes als Handlungsbeeinträchtigung zu verstehen.

● *Kinder im Alltag unterstützen:* Die Eltern lernen, ihr Kind im Alltag möglichst wirkungsvoll zu unterstützen (z. B. Wohlwollen zeigen, auf das Kind eingehen und positive Ansätze verstärken; ablenkende Bedingungen ausschalten; durch strukturierende Hinweise helfen). Dabei sollten sie allerdings nicht zu »Therapeuten ihres eigenen Kindes« werden, sondern ausdrücklich als Eltern handeln.

● *Konfliktreiche Situationen neu gestalten:* Erfahrungsgemäß schwierige Situationen sollen durch verändertes Erziehungsverhalten »entschärft«, Konflikte im voraus vermieden werden (z. B. Situationen, die schwierig werden könnten, gut vorausplanen; Erwartungen und Aufforderungen klar formulieren; Abläufe rechtzeitig unterbrechen, bevor das Verhalten wechselseitig eskaliert).

● *Konstruktive Ziele:* Schwierige Erziehungssituationen sollten als Abfolge von eingefahrenen Verhaltensmustern und nicht etwa als »böser Wille« interpretiert werden. Daraus ergeben sich konstruktive Ziele, also beispielsweise das positive Verhalten des Kindes im Auge zu behalten, dies zu fördern, anstatt vorrangig Fehlverhalten zu bestrafen.

137

Protokoll einer Therapie

Die Eltern von Marco, der eine verhaltenstherapeutische Behandlung zur Verbesserung seiner Selbstkontrolle abgeschlossen hat, berichten:

»Besonders deutlich werden die Fortschritte bei Marco etwa seit der siebten Therapiesitzung. Wir bemerken, daß er sich bei den Hausaufgaben mehr Zeit nimmt und bessere Ergebnisse erreicht. Aber auch beim Spiel mit anderen Kindern ist er bedachter und überlegter. Wir versuchen, wo immer sich eine Gelegenheit bietet, diese Fortschritte zu Hause zu unterstützen. Zum Beispiel sorgen wir jetzt immer dafür, daß während der Hausaufgabenzeit Ruhe einkehrt und die älteren Geschwister beschäftigt sind. Andererseits versuchen wir aber auch, die Fertigkeiten, die Marco im Training lernt, im täglichen Umgang mit ihm aufzugreifen, also beim Spielen, wenn er uns etwas erzählt, wenn es darum geht, ihm eine Aufgabe zu übertragen usw. Zum Beispiel war da das Problem mit seinen äußerst verworrenen Erzählungen. Er begann mit einem Thema, sprang dann zum nächsten, verhedderte sich und verlor den roten Faden. Im Training lernte Marco dazu vier Regeln, die er für das Nacherzählen beachten soll. Seitdem geben wir uns nicht länger damit zufrieden, zu ›erspüren‹, was unser Sohn eigentlich sagen will, sondern haken nach und versuchen mit unseren Fragen zu ordnen, was denn zuerst passierte und was danach geschah, was die Hauptsache bei der Geschichte ist usw. Das klappt schon ganz gut. Zumindest ist Marco jetzt nicht mehr auf seinen großen Bruder als ›Übersetzer‹ angewiesen.

Natürlich müssen wir eine Menge Geduld aufbringen. Aber wir freuen uns auch über kleine Schritte in die richtige Richtung, und das zeigen wir Marco auch. Er selbst wirkt zufriedener, sicherer und reagiert auch ruhiger auf Nachfragen und Kritik.«

Lernen, wie man sich sozial angemessen verhält

Aufmerksamkeitsgestörte Kinder haben oft soziale Probleme und sind bei anderen Kindern selten wohlgelitten. Das ist auch verständlich: Obwohl es die Kinder nicht böse meinen, kommen sie häufig nicht gut an. Sie sind frech, selbstbezogen, aufdringlich, vorlaut und störend (wenn sie z. B. in ein Spiel hineinplatzen). Sie geben an, provozieren und kritisieren andere ziemlich unverfroren. Selbst können sie jedoch nicht viel einstecken, rasten leicht aus und sind in ihrem Verhalten nicht gerade verläßlich.

Vor allem versuchen sie, sich ohne Feingefühl durchzusetzen und zu dominieren. Es scheint fast, als suchten sie Ärger und Streit. Diese Schwierigkeiten können sich zu wirklicher Aggressivität ausweiten. Ist es da verwunderlich, wenn ihnen von den Gleichaltrigen wenig Sympathie entgegengebracht wird? Um so wichtiger ist es, in der Therapie sehr genau auf ihre sozialen Schwierigkeiten einzugehen und nicht nur über die Schwierigkeiten zu sprechen, sondern dem Kind ganz konkrete Dinge beizubringen, etwa das Verhalten anderer Kinder angemessen deuten zu können, sich zu überlegen, was die anderen Kinder beabsichtigen, Wünsche angemessen zu äußern, mit berechtigter Kritik umzugehen, unberechtigte Vorwürfe oder Hänseleien zurückweisen zu können. Das sind Fertigkeiten, über die aufmerksamkeitsgestörte Kinder nicht ohne weiteres verfügen. Deshalb werden sie in der Therapie so eingeübt, daß sie im Alltag klappen.

Sich sozial geschickt zu verhalten setzt voraus, daß solche Situationen richtig eingeübt werden. Gerade dies fällt aufmerksamkeitsgestörten Kindern aber bekanntlich schwer. Deshalb geht es zunächst darum, den Kindern zu vermitteln, daß und wie sie an die Dinge überlegter herangehen.

Für das Erlernen eines angemessenen Sozialverhaltens gibt es sehr gute und erprobte Trainingsprogramme, bei denen das Kind lernt, soziale Situationen richtig zu interpretieren. Das Training sozialer Kompetenzen findet in einer Gruppe von ca. vier möglichst gleichaltrigen Kindern oder Jugendlichen statt. Wie im

Sport soll das Verhalten trainiert, geübt, »eingeschliffen« werden. Solch ein Training verläuft nach folgendem Muster:

- *Ein Problem vorspielen und analysieren:* Der Therapeut »spielt« vor der Gruppe mit einem Kind ein Beispiel für problematisches Verhalten vor (z. B. über Störungen Kontakt mit anderen Kindern aufnehmen). Dieses Beispiel wird von den Kindern und vom Therapeuten analysiert: Was ist abgelaufen? Wie hat sich der Mitspieler gefühlt? Was hat der Mitspieler vor?
- *Möglichkeiten erörtern:* Zusammen mit den Kindern wird nun nach geeigneteren Verhaltensmöglichkeiten gesucht. Günstige und weniger günstige Verhaltensweisen werden an der Tafel festgehalten. Die Kinder sollen erfahren, daß es mehrere Möglichkeiten gibt, von denen nur wenige geeignet sind.
- *Das neue (alternative) Verhalten erproben:* Im nächsten Schritt zeigen jeweils zwei oder drei Kinder kleine Rollenspiele. Es wird mit sehr einfachem Verhalten begonnen. Die anderen Kinder beobachten diese Rollenspiele und geben an, was gut und erfolgreich war.
- *Schwierige und alltagsnähere Dinge üben:* Nach und nach werden die Rollenspiele umfangreicher und schwieriger. Für das Beispiel der ersten Kontaktaufnahme bedeutet das: Während zu Beginn des Rollenspiels ein positives Verhalten des kontaktaufnehmenden Kindes von den anderen Mitspielern gleich beachtet wird und zum Erfolg führt, ignorieren sie später die ersten Annäherungen und lassen sich schwerer »erobern«. Alle Kinder sollten solche Annäherungsversuche mehrmals durchspielen. Die Aufzeichnung der Rollenspiele mit einer Videokamera kann dabei sehr hilfreich sein. Kritische Szenen und wesentliche Verhaltensmuster können so nochmals herausgestellt werden.

Beim Lernen von positivem sozialen Verhalten geht es um folgende Themen:

- *Soziale Ereignisse angemessen wahrnehmen*: Die Kinder lernen, ihre Mitmenschen (Eltern, Lehrer, Mitschüler, Freunde etc.) angemessener wahrzunehmen. Da aggressive Kinder die Handlungen anderer meist als gegen sich gerichtet und feindselig erleben, reagieren sie häufig vorschnell und unangemessen. In diesem Baustein sollen die Kinder beispielsweise einzelne Bilder aus Fotogeschichten genau beschreiben und dabei auf Gestik, Mimik und Körperhaltung achten. Danach sollen sie Rückschlüsse auf die Gefühle der jeweiligen Personen ziehen. So lernen sie, genauer hinzuschauen und ihren Blickwinkel zu verändern.

- *Kontakt mit anderen Kindern herstellen:* Hier wird geübt, mit anderen Kindern erfolgreich Kontakt aufzunehmen, also beispielsweise, wie sich das Kind verhalten kann, wenn es beim Spielen mitmachen möchte. Wichtige Einsichten sind: Sich schrittweise annähern; den anderen Kindern erst einmal eine Weile zuschauen; anstatt »angeberische« Bemerkungen zu machen (z. B. »Ich kann das auch!«), lieber Fragen stellen oder die spielenden Kinder bestätigen (z. B. »Du kannst aber ganz schön hoch springen!«); nicht taktlos in die Spiele der anderen Kinder hineinplatzen.

- *Kommunikationsfähigkeit:* Kommunikation ist die Voraussetzung für jedes Miteinander und notwendig, um Freundschaften zu entwickeln. Das Kind soll lernen, andere zu ihrer Person zu befragen, Informationen über sich selbst zu geben, den anderen in ein Gespräch einzubeziehen, die eigene Rolle im Auge zu behalten (z. B. Gast oder Gastgeber), angemessenes nonverbales Verhalten zu zeigen (Augenkontakt, Körperhaltung u. ä.). Eine mögliche Methode, die Kommunikationsfähigkeit zu trainieren, ist die »Fernseh-Talk-Show«, bei der ein Kind der Talkmaster ist und ein anderes den Gast spielt: Der Talkmaster muß nun dem Gast das Gefühl vermitteln, willkommen zu sein, etwas über die Interessen des Gastes erfahren und dem Gast etwas über die eigenen Interessen erzählen.

- *Konflikt- und Problemlösungen:* Hierbei lernen die Kinder, ein Problem genau zu benennen, mehrere mögliche Lösungen zu finden, die kurz- und langfristigen Folgen der Lösungen abzuschätzen und mögliche Schwierigkeiten vorher zu erkennen. Hierzu werden verschiedene Rollenspiele mit möglichen Konfliktsituationen durchgespielt. Die Spieler geben dabei ihre Gedanken laut wieder, um dem Therapeuten Einblick in ihr Vorgehen zu geben. Außerdem kann der Therapeut verschiedene Situationen vorspielen und dabei die Lösungsschritte einzeln vorstellen.

- *Ärger kontrollieren:* Im Sozialtraining lernen die Kinder, die äußeren Ereignisse (z. B. gefoppt werden) von ihren eigenen Bewertungen (z. B. ärgerliche Gedanken, Anspannung) zu unterscheiden. Damit soll ein »kühlerer« Blick auf die Sache ermöglicht werden. Die Kinder lernen beispielsweise, Alternativen zu verärgertem Verhalten zu finden, mit sich selbst zu reden, um Ärger zu kontrollieren (»ganz ruhig bleiben«, »ich denke jetzt erst einmal nach, was ich tun könnte« etc.), einen bestimmten Plan zu entwerfen, wie man auf Provokationen reagiert, und einen Zusatzplan zu entwerfen, falls man zur Durchführung des ersten Planes zu verärgert ist.

  In den Übungen werden mit den Kindern zuerst Situationen durchgesprochen, in denen sie sehr ärgerlich waren. Dabei wird herausgearbeitet, was sie ärgerlich gemacht hat und wie sie reagiert haben. Ganz besonders wichtig ist dabei, daß die Kinder erkennen, wie ihr Körper ihnen ihre Erregung signalisiert hat (z. B. schwitzen, angespannte Muskeln, ein heißes Gefühl steigt hoch etc.). Damit werden sie in die Lage versetzt entgegenzusteuern, bevor sie die Kontrolle verlieren. Die unerwünschten Konsequenzen unkontrollierten Verhaltens werden verdeutlicht.

  Wie in den vorherigen Sitzungen sind Rollenspiele und Videoaufzeichnungen zur Vertiefung des Gelernten vorgesehen.

- *Selbstbehauptung:* Die Kinder lernen, sich angemessen zu

behaupten, damit sie auf aggressives Verhalten verzichten können. Hier wird mit Bildergeschichten gearbeitet, und Erlebnisse der Kinder werden im Rollenspiel nachvollzogen. Anstelle des früheren negativen Verhaltens wird positives Verhalten eingeübt, also nach konstruktiven und angemessenen Konfliktlösungen gesucht.

Damit die Kinder diese neuen Einsichten und Verhaltensweisen leichter auf den Alltag übertragen können, ist es wichtig,

- dieses Training regelmäßig und so lange wie möglich beizubehalten – zumindest einmal pro Woche für die Dauer eines Schuljahres ist erstrebenswert;
- möglichst viele Beispiele aus dem Alltag zu verwenden und vielseitige Erfahrungen anzubieten;
- einzelne Aufgaben gezielt umzusetzen (etwa »soziale Hausaufgaben« vereinbaren, z. B. ein Kind zu sich nach Hause einladen);
- immer wieder Auffrisch-Sitzungen vorzusehen.
- Außerdem sollte sichergestellt werden, daß die Kinder möglichst erfolgreich sind und für ihr neues Verhalten gelobt werden. Deshalb werden Eltern und Lehrer über Ziel und Aufgaben informiert, damit sie das Kind in seinen Bemühungen unterstützen können.

Abbau von aggressivem Verhalten

Bei aggressiven Kindern ist ein Training zur Anbahnung bzw. zur Verbesserung des sogenannten prosozialen Verhaltens angezeigt. Damit sind folgende Verhaltensweisen gemeint:
- sich in andere hineinversetzen,
- die Gefühle anderer erkennen und zutreffend deuten,
- eigene Wünsche und Bedürfnisse angemessen vorbringen (z. B. jemanden einladen, jemanden ansprechen),

- soziale Übergriffe anderer (z. B. Hänseleien, Schimpfen, Tätlichkeiten) konstruktiv zurückweisen,
- überdauernde Beziehungen und Freundschaften zu anderen Kindern aufnehmen,
- sich behaupten, ohne aggressiv zu sein.

Beim Abbau aggressiven Verhaltens sollen die Kinder auch lernen, ihr ungeeignetes Verhalten durch günstigere soziale Verhaltensmuster zu ersetzen. Dies wird den Kindern auch in Rollenspielen vermittelt, wobei ganz ähnlich wie im sozialen Training (siehe oben, S. 139, »Lernen, wie man sich sozial angemessen verhält«) vorgegangen wird. Zusätzlich werden die Kinder in Entspannungstechniken geschult, weil sie häufig unter hoher Anspannung stehen. Dadurch werden sie für die Therapie überhaupt erst zugänglich. Die Eltern werden außerdem beraten, wie sie ein angemessenes Verhalten ihrer Kinder im Alltag fördern können.

Dieses Training wird in Einzelsitzungen und als Gruppentraining angeboten. Bei großen sozialen Problemen wird mit Einzeltraining begonnen; wenn grundlegende Fähigkeiten erworben sind, z. B. eine verbesserte Wahrnehmung sozial schwieriger Situationen, kann das Kind von einem Gruppentraining profitieren, das zudem die Gelegenheit bietet, unmittelbar erste Anwendungserfahrungen zu sammeln.

Behandlung von Depressivität/Niedergeschlagenheit

Bei niedergeschlagenen, depressiven Kindern kommt es zuerst darauf an, über ihre Erlebenswelt zu sprechen und von ihren Ängsten, Befürchtungen und Unsicherheiten zu erfahren. Dabei soll dem Kind aber auch vermittelt werden, daß es einige Dinge gut beherrscht.

In einer zweiten Therapiephase soll das Kind lernen, sich etwas zuzutrauen und das auch durchzuführen (etwa ein anderes Kind ansprechen, sich zum Spielen verabreden, sich gegen Sticheleien wehren). Dementsprechend wird geübt, wie man das macht; beispielsweise wie man auf andere Kinder zugeht oder wie man sich am Unterricht beteiligt. Dazu werden auch »Hausaufgaben« gegeben; über die Erfahrungen im Alltag berichtet das Kind dann in der Therapie. Anregungen zur weiteren Verbesserung unterstützen das Kind darin, seine neuen Fähigkeiten immer selbständiger zu erproben. Bei einer insgesamt günstigeren persönlichen Situation verlieren sich solche depressiven Verstimmungen zunehmend.

Stellungnahme der Fachverbände für Kinder- und Jugendpsychiatrie und Psychotherapie in Deutschland

Eine Stellungnahme der Fachverbände für Kinder- und Jugendpsychiatrie und Psychotherapie in Deutschland zur »Behandlung hyperkinetischer Störungen im Kindesalter mit Medikamenten« findet sich in der Zeitschrift ›Sozialpädiatrie, Kinder- und Jugendheilkunde‹ (21. Jahrgang, 9–10/1999, S. 323f.).

Auf die Notwendigkeit einer multimodalen Gesamtbehandlung wird darin ebenso hingewiesen, wie Empfehlungen zu solchen Therapieformen gegeben werden, die einer fachwissenschaftlichen Überprüfung tatsächlich Stand halten. Ein besonderes Augenmerk gilt dabei der Pharmakotherapie. Als ausschließlicher Behandlungsmethode wird ihr eine klare Absage erteilt. Es wird herausgestellt, daß eine sorgfältige Diagnostik ebenso wie eine begründete Ableitung der Notwendigkeit (Indikation) entscheidende Voraussetzungen für eine mögliche Behandlung mit Medikamenten sind: »Eine bloße Beschränkung auf die Pharmakotherapie mißachtet elementare Bedürfnisse und Ansprüche der Kinder und widerspricht den Regeln guter klinischer Praxis ebenso wie das Diagnostizieren oder Rezeptieren ohne Untersuchung« (Martinius 1999; zu weiteren Abwägungen bei einer medikamentösen Therapie vgl. das folgende Kapitel).

11 Behandlung
mit Medikamenten

Die Einnahme von Medikamenten gehört zu den häufigsten Formen der Behandlung. Für viele Ärzte (selten für die Eltern) ist die Medikation sogar die erste Wahl – besonders dann, wenn die Aufmerksamkeitsprobleme des Kindes und deren Folgen bereits sehr kritisch geworden sind (Aggressivität, große Schulschwierigkeiten). Heute werden meist anregende Substanzen (Stimulantien), seltener dämpfende Mittel verschrieben. Gelegentlich werden Medikamente auch in Kombination mit psychologischen und/oder heilpädagogischen Maßnahmen gegeben. Das Kapitel erörtert, welche Erfahrungen zur Behandlung mit Medikamenten (Medikation) vorliegen, welche Chancen eine kombinierte Behandlung hat und welche Risiken zu bedenken sind.

Was die Medikamente bewirken

Bei der Behandlung von Aufmerksamkeitsstörungen greift man oft auf Medikamente zurück. Von der Amerikanischen Akademie für Kinder- und Jugendpsychiatrie wurde 1997 sogar empfohlen, die Therapie vorwiegend auf anregende Medikamente (sogenannte Psychostimulantien) zu stützen. Der Stellenwert und die Reichweite solcher Medikamente sind allerdings umstritten.

Medikamente lindern vor allem die Grundmerkmale der Aufmerksamkeitsstörung, also die Bewegungsunruhe und die Impulsivität; außerdem verbessern sie die Fähigkeit des Kindes, sich ausdauernd mit einer Sache zu beschäftigen (Verbesserung der »Wachheit«). Am häufigsten werden Stimulantien wie beispielsweise Ritalin (ein sogenanntes Methylphenidat) verschrieben.

Solche Medikamente sind im Grunde genommen »Aufputschmittel«, wie sie auch von Erwachsenen eingenommen werden (Doping im Sport, aber auch Steigerung der Arbeitsfähigkeit). Sie scheinen besonders die Gebiete des Gehirns anzuregen, die für die Planung und Steuerung des Verhaltens verantwortlich sind. Das läßt sich mit bildgebenden Untersuchungsmethoden wie der Positronen-Emissions-Tomographie (PET) oder der Magnet-Resonanz-Bildgebung (MRI) belegen: Nach der Einnahme von Methylphenidat verbessert sich der Blutfluß in den entsprechenden Gebieten des Gehirns deutlich. Mit solchen Medikamenten kann also die »Wachheit« in bestimmten Gehirnzentren auf ein günstigeres Niveau angehoben werden, und das Kind wird dadurch grundsätzlich in die Lage versetzt, sich selbst leichter zu steuern und »aufmerksam« zu sein.

Nach Beobachtungen von Eltern und Lehrern verhalten sich die Kinder während der Behandlung mit Psychostimulantien »situationsgerechter«, sind »pflegeleichter«, zeigen weniger Disziplinprobleme und sind allgemein umgänglicher. Verbesserungen werden also vor allem im Bereich von störenden Auffälligkeiten und motorischer Unruhe erreicht; und zwar so lange, wie das Medikament regelmäßig eingenommen wird. Nicht so gut steht es allerdings um die Langzeitwirkung. Wird das Medikament abgesetzt, verhält sich das Kind meist wieder wie früher, das heißt, die zuvor beklagten Probleme und Schwierigkeiten kommen wieder zum Vorschein. So gesehen können derartige Medikamente die Aufmerksamkeitsstörung also nicht heilen, wohl aber die Grundmerkmale der Störung verringern.

Die Akzeptanz des Kindes bei Gleichaltrigen verbessert sich bei Medikamenteneinnahme, ohne daß die Kinder aber den Rang von unauffälligen Kindern erreichen. In einer hierzu veröffentlichten Untersuchung (Whalen, Henker, Buhrmester, Hinshaw, Huber und Laski 1989) verbrachten 15 unauffällige und 25 aufmerksamkeitsgestörte/überaktive Kinder ihre Ferien gemeinsam in einem fünfwöchigen Ferienlager. Die aufmerksamkeitsgestörten Kinder wurden für die Dauer von drei Wochen entweder mit einer niedrigen oder einer hohen Dosis an Medikamenten bzw. mit Scheinmedikamenten (Placebos) behandelt.

Bei der Überprüfung der Wirkung zeigte sich, daß die Medikamente die soziale Akzeptanz der aufmerksamkeitsgestörten Kinder verbesserte. Ganz offensichtlich waren sie umgänglicher und seltener auffällig. Die anderen Kinder hatten einfach mehr Spaß, mit ihnen zu spielen. Dieses Ergebnis ist vor allem deswegen bemerkenswert, weil sich die Kinder zuvor nicht gekannt hatten, es also keine »Beziehungsgeschichte« gab. Unter diesen Voraussetzungen ließ sich das Verhalten offenkundig leichter an die aktuellen Bedingungen anpassen, was im Alltag natürlich nicht ohne weiteres der Fall ist. Im Alltag kann eine lange Lerngeschichte – also eine Zeit, in der die anderen Kinder mit dem aufmerksamkeitsgestörten Kind eher ungünstige Erfahrungen gemacht haben – die positiven Veränderungen beeinträchtigen. Die berichteten Ergebnisse weisen allerdings auch darauf hin, daß das Medikament nicht alle Probleme lösen kann. Häufig sind bei den aufmerksamkeitsgestörten Kindern noch deutliche Defizite bei bestimmten Fertigkeiten zu beobachten.

Vergleichbares gilt für die schulischen Leistungen, die sich besonders bei den schon älteren Kindern (zweite Hälfte der Grundschule) ebenfalls nicht allein durch Medikamente verbessern lassen. Die Wissensmängel sind dann meist schon zu groß, und es fehlt auch häufig an Lernstrategien. Zur Korrektur bedarf es hier anderer (ergänzender) Hilfen (vgl. Kapitel 9 »Professionelle Hilfe – ein Überblick«).

Bei der Beurteilung der Wirksamkeit ist auch zu bedenken, daß die meisten aufmerksamkeitsgestörten Kinder mit weiteren Auffälligkeiten belastet sind. Solche als »Komorbidität« bezeichneten Auffälligkeiten sind insbesondere:

- Störung des Sozialverhaltens (bei ca. 40 Prozent),
- Angststörungen (bei ca. 35 Prozent),
- depressive Störungen (bei ca. 30 Prozent),
- Lernstörungen (bei ca. 60 Prozent).

Angesichts dieser vielfältigen – oft »maskiert« auftretenden – Störungen ist die Bilanz aus verschiedenen Forschungsarbeiten, nach der sich das Verhalten bei zwei Dritteln der medikamentös behandelten Kindern verbessert hat, kritisch zu hinterfragen. Es ist zu klären, welche Erfolgsmaße verwendet wurden und was sich an den komplexen Störungen tatsächlich verändert hat. So zeigen auch vorläufige Ergebnisse einer als Langzeitstudie angelegten Untersuchung des amerikanischen National Institute of Mental Health nach vierzehn Monaten Medikationsbehandlung, daß eine abschließende Beurteilung der Wirksamkeit im Vergleich zu anderen Fördermaßnahmen noch nicht möglich ist.

Insgesamt gesehen sind Psychostimulantien eine nützliche Hilfe für den »Notfall«, dauerhafte und umfassende Verbesserungen lassen sich damit allein jedoch nicht erreichen. Medikamente sind außerdem ein gelegentlich notwendiger Therapiebaustein, der durch andere Maßnahmen, wie z. B. Lerntraining, Vermittlung sozialer Fertigkeiten und Elternberatung, ergänzt werden muß.

Nebenwirkungen

Fast alle Medikamente haben Nebenwirkungen, auch Psychostimulantien. Am häufigsten treten Appetitänderungen bzw. Appetitverlust, Schlafstörungen sowie Kopf- und Magenschmerzen auf. Eine erhöhte Herzrate ist meist nur vorübergehender Natur. Bei entsprechender Veranlagung kann es auch zur Ausbildung von sogenannten Tic-Störungen kommen, die durchaus ein bedenkliches Ausmaß annehmen können. Bei einigen wenigen Kindern können sich auch Apathie und Gleichgültigkeit einstellen. Das Kind erscheint dann übermäßig kontrolliert und wenig kindlich. In solchen Fällen ist eine Dosisverringerung bzw. das Absetzen des Medikaments geboten.

Es gibt allerdings keine Hinweise dafür, daß die regelmäßige Medikation zu Suchtverhalten führt. Dagegen besteht ein anderes Risiko: Das Kind kann sich daran gewöhnen, bei jeder Schwierigkeit die Lösung in der Einnahme von Pillen zu suchen! Ein Problem bei der medikamentösen Behandlung ist die Tatsache, daß ein verschriebenes Medikament oft nicht sachgerecht eingenommen wird. Der Praxisbericht von Krowatschek und Krowatschek (1997) veranschaulicht ganz alltägliche Schwierigkeiten der medikamentösen Therapie (vgl. Infokasten). Er macht deutlich, wie wichtig es ist, daß Eltern und Kind ausreichend informiert sind; er zeigt aber auch, welche Bedeutung eine begleitende psychologische Betreuung hat.

Erfahrungen zweier Schulpsychologen mit der medikamentösen Behandlung von aufmerksamkeitsgestörten Kindern

Die Schulpsychologen Krowatschek und Krowatschek (1997) berichten recht anschaulich, wie sich Medikamente bei aufmerksamkeitsgestörten Kindern auswirkten, die sie in Behandlung hatten. Nach ihrem Bericht traten folgende Probleme auf:

- 11 Kinder (23 Prozent) zeigten starke Schlafstörungen;
- 24 Mütter (69 Prozent) hatten die Dosis mindestens einmal geändert (z. B. eine höhere Dosis bei besonderen Anlässen wie Geburtstag oder Familienfeiern gegeben);
- 4 Kinder (11 Prozent) hatten eine zu hohe Dosis erhalten und waren deshalb nicht so gut ansprechbar;
- 30 Eltern (86 Prozent) waren unzulänglich über das Medikament aufgeklärt. Manche konnten sich nicht vorstellen, wie es wirkt;
- 90 Prozent der Kinder hielten sich nicht für krank und sahen den Sinn einer medikamentösen Behandlung nicht ein;

- 5 Kinder (14 Prozent) nahmen die Tabletten nicht regelmäßig ein, sondern warfen sie weg, wenn sie konnten.

Natürlich kann und sollte man diese Schwierigkeiten vermeiden. Der Bericht des Schulpsychologen zeigt deshalb vor allem, worauf zu achten ist, wenn eine medikamentöse Behandlung eingeleitet wird.

Verordnung und Dosierung

Was die Dosierung im Einzelfall betrifft, so gilt nach neueren klinischen Erfahrungen und aktuellen Forschungsbefunden grundsätzlich:

- Eine niedrige bis mittlere Dosierung ist wirksamer als eine höhere. Als mittlere Dosierung gelten bis zu 50 Milligramm pro Tag.
- Wenn das Medikament in dieser Dosierung morgens eingenommen wird, ist es in der Regel etwa zwei bis drei Stunden voll wirksam. Danach läßt die Wirkung nach.
- Während früher etwa 0,3 Milligramm pro Kilogramm Körpergewicht verschrieben wurden, wird die Dosierung heute individuell abgestimmt und ihre Wirksamkeit »ausgetestet« (siehe unten).
- Meist wird am Wochenende kein Medikament gegeben, um dem Kind eine Zeit ohne Einnahme zu ermöglichen.

Obwohl bei bestimmten Kindern grundsätzlich auch dämpfende (sedierende) Medikamente in Frage kommen, werden in den allermeisten Fällen anregende Medikamente (Stimulantien) verschrieben. Um die Tauglichkeit eines Medikamentes und die notwendige Dosierung »auszutesten«, wird die Verschreibung nach Döpfner, Schürmann und Frölich (1998) in folgenden Schritten geplant und überwacht:

1. Der Arzt schließt mögliche Gegenanzeigen (Tic-Störungen, erhöhtes Risiko für Hirnkrämpfe, Medikamentenmißbrauch im Umfeld des Kindes) aus. Er klärt Eltern und Kinder über Wirkungen und Nebenwirkungen des Medikamentes auf und bespricht mit dem Kind, daß die Tabletten seine Anstrengungen unterstützen sollen, das eigene Verhalten zu ändern.

2. Der Arzt nimmt in Absprache mit den Eltern Kontakt mit dem Klassenlehrer auf und unterrichtet ihn über die geplante Medikation. Der Lehrer erfährt jedoch nicht, an welchen Tagen Medikamente gegeben werden und an welchen nicht.

3. Der Arzt vereinbart bei Zustimmung der Eltern mit dem Lehrer, daß an drei Schultagen pro Woche Tagesbeurteilungen erhoben werden. Hierzu wird meist ein kurzer Fragebogen verwendet. Vor Beginn der Behandlung erhält das Kind eine Woche lang keine Medikamente. Der Lehrer füllt seine Tagesbeurteilung aber bereits aus, so daß die Ausgangssituation des Kindes ermittelt werden kann. In den folgenden Wochen wird mit einer Anfangsdosis von 5 bis 10 Milligramm morgens begonnen. Die Medikation wird von Woche zu Woche um 5 bis 10 Milligramm so lange gesteigert, bis im Unterricht keine Auffälligkeiten mehr auftreten, dabei aber keine ausgeprägten Nebenwirkungen beobachtet werden.

4. Bei einer längerfristigen Behandlung wird zunächst ein Zeitraum von sechs bis neun Monaten ins Auge gefaßt. Während dieser Zeit werden etwa alle zwei Monate die Beurteilungen des Klassenlehrers anhand eines Fragebogens eingeholt.

5. Nach etwa sechs, spätestens nach neun Monaten werden die Medikamente reduziert, um die Notwendigkeit einer weiterführenden Behandlung zu überprüfen. Zu diesem Zeitpunkt werden Blutdruck, Puls, Körpergröße und Gewicht, Appetit und Gefühlszustand des Kindes sowie mögliche Nebenwirkungen (wie z. B. das Auftreten von Tics) nochmals überprüft.

Dieser Ablauf sollte von dem Arzt, an den Sie sich wenden, eingehalten werden. Leider wird nicht immer so vorgegangen; oft wird die »Eichung des Medikamentes« über die Rückmeldung des Lehrers weggelassen oder die notwendige Medikamentenmenge nicht immer genau ausgetestet. Falls es sich als notwendig erweisen sollte, die medikamentöse Behandlung mit Stimulantien weiter fortzuführen, ist gegebenenfalls mit einer Stimulantiengabe über die Dauer von zwei bis drei Jahren zu rechnen.

Läßt sich eine medikamentöse Behandlung mit einer Verhaltenstherapie sinnvoll kombinieren?

Prinzipiell ist die Vorstellung verlockend, mit Hilfe einer Psychostimulantienbehandlung beim Kind verbesserte Voraussetzungen für eine Verhaltenstherapie zu schaffen; insbesondere dann, wenn mit der Medikation zunächst eine Entlastung des Kindes und der unmittelbaren Umgebung eintritt.

Idealerweise sollten medikamentöse Behandlung und Verhaltenstherapie so aufeinander abgestimmt werden, daß regelmäßig und zuverlässig Medikamente gegeben werden und das Kind zugleich durch eine entsprechende Verhaltenstherapie lernt, mit schwierigen Situationen angemessen umzugehen. Bei zunehmend geringerer (»ausschleichender«) Dosierung sollte die psychologische Behandlung intensiviert werden. Damit wird ein Weg eingeschlagen, der es mittel- und langfristig ermöglicht, die Medikation mit Psychostimulantien wieder ganz abzusetzen.

Es wäre durchaus zu erwarten, daß eine solche Kombination von zwei aufeinander bezogenen und gestuften Behandlungsformen anderen Therapien überlegen ist, die entweder nur auf Medikation setzen oder ausschließlich psychotherapeutische Maßnahmen einsetzen. Tatsächlich läßt sich dies in Studien zur Überprüfung der Wirksamkeit nicht belegen (vgl. z. B. Saile 1996).

Ein Grund dafür, daß diese Therapiekombination den anderen Verfahren nicht überlegen ist, mag sein, daß die einzelnen Bausteine zum Teil nicht so gut aufeinander abgestimmt sind. Es kann auch daran liegen, daß die beteiligten Eltern, Kinder, Psychologen und Ärzte die beiden Bestandteile (Medikament und psychologische Therapie) häufig nicht als gleichgewichtig und gleichwertig betrachten. Sie scheinen auf die eine Behandlungsmaßnahme zu setzen und die andere eher als zusätzliche bzw. ergänzende Hilfe anzusehen – ohne dabei zu erkennen, wie wichtig gerade die Verknüpfung von zwei wichtigen Behandlungsformen ist. Vielfach wird gerade der Behandlungsmaßnahme mehr Gewicht zugeschrieben, mit der begonnen wird.

Wann ist eine Medikation angeraten?

Wenn man als Eltern über die Verordnung von Medikamenten nachdenkt, gibt es verschiedene Gesichtspunkte zu berücksichtigen. Da ist einerseits die Abwägung zwischen den tatsächlich zu erwartenden Veränderungen bei Einnahme solcher Psychostimulantien und den möglichen, unerwünschten Nebenwirkungen. Dazu gehören auch die »psychischen Kosten«, die sich etwa daraus ergeben, daß sich das Kind angewöhnt, die Lösung von Problemen in Medikamenten zu suchen, oder daß es sich dann weniger um eine Verbesserung seiner Situation bemüht. Andererseits ist auch zu berücksichtigen, wie problematisch die Situation des Kindes bereits geworden ist: Im allgemeinen ist man eher bereit, eine medikamentöse Therapie durchzuführen, wenn sich das Kind in einer krisenhaften Situation befindet (etwa bei einer drohenden Umschulung wegen Disziplinschwierigkeiten). Bei eher mäßigen Verhaltensschwierigkeiten ist hingegen eine Medikation kaum geboten.

Obwohl es letztlich natürlich immer auf die individuelle Abstimmung mit Ihrem Arzt ankommt, gibt es eine Reihe von Gesichtspunkten, die Ihnen helfen könnten, zu einer guten Entscheidung zu gelangen. Dabei sollten Sie folgende Punkte berücksichtigen:

- Eine gesicherte Diagnose »Aufmerksamkeitsstörung« muß vorliegen.
- Liegt eine Notsituation vor? Befindet sich das Kind in einer Krise?
- Überprüfen Sie, welche Einstellung Sie grundsätzlich gegenüber der Einnahme von Medikamenten haben! Wenn Sie es im Grunde ablehnen, Ihrem Kind jeden Tag Psychopharmaka zu geben, ist auch nicht zu erwarten, daß eine solche Behandlung Erfolg haben wird.
- Bei Kindern unter vier Jahren sollte möglichst auf eine Medikation verzichtet werden, denn die Nebenwirkungen könnten sehr gravierend sein.
- Bevor eine Entscheidung für eine Therapie mit Medikamenten getroffen wird, sollten alternative Möglichkeiten abgewogen bzw. erprobt werden, insbesondere dann, wenn die Störung nicht übermäßig stark ausgeprägt ist.
- Haben Sie für sich persönlich geklärt, ob Sie eine regelmäßige und richtig dosierte Einnahme der Medikamente gewährleisten können? Die falsche Dosis oder der falsche Zeitpunkt für die Medikamentengabe können sich sehr ungünstig auswirken.
- Wie ist das Kind selbst gegenüber der Einnahme von Medikamenten eingestellt? Besonders ältere Kinder (ab etwa 12 Jahren) und Jugendliche lehnen Medikamente oft aus grundsätzlichen Überzeugungen ab – weil sie sich bevormundet fühlen, selbst entscheiden wollen oder ihnen die Einnahme des Medikamentes lästig ist. Auch solche Einstellungen sollten berücksichtigt werden.

12 Diät-Therapie

Die diätetische Behandlung der Aufmerksamkeitsstörung/Überaktivität ist bei manchen Eltern und Ärzten nach wie vor sehr beliebt. Dabei ist ihre Wirksamkeit äußerst umstritten; eine Diät ist allenfalls für einen sehr eingeschränkten Teil von aufmerksamkeitsgestörten Kindern erwägenswert. Wenn bei einzelnen Kindern Erfolge zu belegen sind, lassen sie sich zum größten Teil auf Veränderungen im familiären Zusammenleben zurückführen. Insofern kann eine Diät-Therapie sicherlich nicht die Methode der Wahl sein, wenn es um eine fundierte Behandlung aufmerksamkeitsgestörter Kinder geht. Im folgenden informieren wir über drei ausgewählte Beispiele von Diät-Therapien, die unterschiedliche Substanzen aus der Nahrung fernhalten wollen, um so die Aufmerksamkeitsstörung zu beheben: Die Feingold-Diät, die Hafer-Diät und die oligo-antigene Diät.

Die Feingold-Diät

Im Juni 1973 präsentierte der kalifornische Arzt Ben Feingold beim Jahrestreffen der Allergie-Sektion der American Medical Association seine Beobachtungen über eine Diätbehandlung mit überaktiven und lernbehinderten Kindern. Feingold war der Überzeugung, in Nahrungsmittelzusätzen (vor allem in Farbstoffen und Konservierungsmitteln) die Ursache für Überaktivität, Lernstörungen und Verhaltensauffälligkeiten gefunden zu haben. Seine daraus resultierenden Diätvorschläge faßte er 1975 in einem Buch mit dem Titel »Why your child is hyperactive« zusammen. Danach sollen sowohl natürliche als auch künstliche Zusatzstoffe (sogenannte Salicylate) aus der täglichen Nahrung ausgeschlossen werden.

156

Zu den Nahrungsmitteln mit natürlichem Salicylat gehören beispielsweise Äpfel, Aprikosen, Brombeeren, Erdbeeren, Pflaumen, Stachelbeeren, Pfirsiche, Orangen und Gurken; zu den Nahrungsmitteln mit künstlichen Farb- und Aromastoffen zählen Bockwürstchen, Eiscreme, Wein, sämtliche Teearten, Margarine, Süßigkeiten, Diätgetränke u. ä. Bald standen auch Zahnpasta, Mundwasser, Hustentropfen und -pastillen, Deodorants, Parfum, Desinfektionsmittel, Insektizide, Fingerfarben, Vanillin, Karamel, Vitaminpräparate, Kindermedikamente und Speisefett auf der »schwarzen Liste«.

Da hinreichend überprüfbare Veränderungen bereits damals nur in Einzelfällen gefunden werden konnten, beschloß eine Expertenkonferenz im Jahre 1982, *keine* Empfehlungen im Sinne der Diätvorschläge von Feingold abzugeben.

Die Hafer-Diät

In den 80er Jahren verbreitete die Mainzer Apothekerin Hertha Hafer die These, daß Phosphatzusätze in der Nahrung motorische Unruhe produzieren (Hafer 1984). Phosphatzusätze, wie wir sie beispielsweise in Wurst und Fleisch finden, würden – so ihre Behauptung – eine Hirnfunktionsstörung auslösen und könnten danach ebenso wie Antibiotika, Milchsäure und Essigsäure das Gleichgewicht im Körper stören. Hertha Hafer hatte diese These zusammen mit ihrem Mann, einem Chemiker, auf der Grundlage von eigenen leidvollen Erfahrungen mit ihrem Adoptivsohn Michael entwickelt. Dieser Junge erwies sich kurz nach seiner Einschulung als sehr schwierig und zeigte die typischen Verhaltensweisen eines aufmerksamkeitsgestörten Kindes. Außerdem litt Michael an Zerstörungswut; er machte sowohl zu Hause als auch bei Besuchen Spielzeug, Möbel und Hausrat kaputt. Aus

Alltagsbeobachtungen schloß Hafer auf einen engen Zusammenhang zwischen dem problematischen Verhalten ihres Adoptivsohns und dem Konsum von solchen Phosphatzusätzen.

Sie verallgemeinerte ihre – sehr subjektiven – Erfahrungen und schlug für die Behandlung von aufmerksamkeitsgestörten/überaktiven Kindern eine Diät vor, die diese Phosphate aus der Nahrung ausschließt. Darüber hinaus vermutete sie, daß auch andere Nahrungsmittel wie Zucker, Zitrussäure, Obstsäuren und Lecithin solche Verhaltensstörungen auslösen. Zusätzlich zu den Nahrungsausschlüssen, wie sie bereits aus der Feingold-Diät resultieren, wurden u. a. auch Milch und Kakao gemieden, vor allem aber Lebensmittel mit phosphathaltigen Zusatzstoffen.

Eine weitere von Hafers Thesen lautete, daß die Phosphatempfindlichkeit vererbt werde und besonders schlanke Menschen (sogenannte leptosome Erscheinungen) gefährdet seien. Diesen Vermutungen zufolge verschiebe das mit der Nahrung aufgenommene Phosphat gerade bei diesen Personen den Hormonhaushalt des vegetativen Nervensystems extrem, so daß sich dies vor allem im Großhirn und hier wiederum besonders im Stirnhirn ungünstig auswirke (Hafer 1990).

Die Hafer-Diät hat in den 80er Jahren und noch zu Beginn der 90er Jahre beträchtlichen Zuspruch erfahren. Interessierte Elterngruppen schlossen sich damals unter der Bezeichnung »Phosphatliga« zusammen. Inzwischen besteht jedoch auch hier eine kritische Distanz gegenüber solchen Überzeugungen.

Frau Hafer selbst hatte bei ihren Bemühungen um den eigenen Adoptivsohn übrigens nur wenig Erfolg; er zeigte auch nach der einschlägigen Diät noch erhebliche Verhaltensauffälligkeiten. Abgesehen davon haben Hafers Thesen zum möglichst weitgehenden Ausschluß von Phosphaten sowohl theoretische als auch praktische »Webfehler«. So nimmt ein Mensch üblicherweise täglich zwischen 600 und 1200 Milligramm Phosphat mit der Nahrung zu sich. Nach dem Konzept von Hafer sollen aber bereits 30 Milligramm Phosphat reichen, um ein überaktives Verhalten auszulösen. Außerdem entnimmt ein Körper, dem nur wenig Phosphat angeboten wird, diese Substanz den Knochen, wo es als Kalziumphosphat gespeichert ist. Die Wirksamkeit der Phosphat-Reduktion und der entsprechenden Diät wird bereits durch diese Erkenntnisse in Frage gestellt. Die bei einzelnen Kindern berichteten Behandlungserfolge lassen sich kaum durch die Diät selbst, sondern eher dadurch erklären, daß die Einführung der Diät zu einem veränderten Zusammenleben in der Familie geführt hat (siehe unten, S. 165).

Schließlich hat das Forschungsinstitut für Kinderernährung in Dortmund nachgewiesen, daß eine »phosphatarme Diät« auch arm an Kohlehydraten, Rohfasern und Vitamin C ist, dagegen reich an tierischem Eiweiß und Cholesterin. Als Fazit zeigt sich danach: Eine solche Diät wäre für die Dauerernährung eines Kindes keinesfalls geeignet.

Die oligo-antigene Diät

Als weitere Diät-Therapie wird die sogenannte oligo-antigene Diät propagiert. Sie wurde ursprünglich als Maßnahme bei der kindlichen Migräne entwickelt (Egger 1995). Die Behandlung soll in drei Stufen erfolgen:

- Zuerst erhalten die Kinder drei bis vier Wochen lang eine Grundnahrung, die ausschließlich aus wenigen und erfahrungsgemäß nicht allergenen Nahrungsmitteln (also Nahrung, die keine Allergien auslöst) besteht.
- Falls in diesem Zeitraum eine eindeutige Verbesserung im Verhalten der Kinder auftritt, werden nach und nach weitere Nahrungsmittel wieder eingeführt, bis die motorische Unruhe oder andere Symptome einer »Nahrungsmittelunverträglich-

keit« (Bauch- und/oder Kopfschmerzen) beobachtet werden (bevorzugt von der Mutter).

● Diese nunmehr als abträglich erkannten Nahrungsmittel werden wieder aus dem Angebot entfernt, und die Ernährung des Kindes wird auf die als verträglich erkannten Nahrungsmittel begrenzt.

Nach Egger (1991) gelten beispielsweise folgende Nahrungsmittel als »provozierend«: Farb- und Konservierungsstoffe (bei 79 Prozent der Kinder), Kuhmilch (bei 64 Prozent), Schokolade (bei 59 Prozent), Trauben (bei 50 Prozent), Weizen (bei 49 Prozent), Zitrusfrüchte (bei 45 Prozent), Käse (bei 40 Prozent) und Eier (bei 39 Prozent).

Eine entsprechende Diät besteht nach Egger danach täglich aus folgenden Lebensmitteln: Fleisch (zwei Fleischsorten, z. B. Lamm, Pute), Kohlehydrate (Reis, Kartoffeln), Gemüse (Kohl, Blumenkohl, Spargel, Kohlrabi, Gurken, Zwiebeln, Lauch), Obst (Apfel, Birne, Banane, Aprikose, Pfirsich, Trauben, Ananas), Fett (milchfreie Margarine), Getränke (Fruchtsäfte, Wasser, Mineralwasser), Gewürze (Salz, Pfeffer, Kräuter), Kalzium (300–400 Milligramm) sowie Multivitamin-Gaben (z. B. Multibionta).

Wie steht es um die Wirksamkeit der Diät-Therapien?

Die »Erfinder« der verschiedenen Diäten drängen darauf, die jeweils vorgeschlagene Diät-Therapie streng einzuhalten, und malen regelrechte Horror-Szenarien für den Fall aus, daß auch nur ein Fehler unterläuft. So wird beispielsweise behauptet, *ein* Diätfehler, also z. B. *ein* falsches Getränk, könne bereits zu einer

Verhaltensentgleisung beim Kind führen, die sich dann über mindestens einen ganzen Tag hinziehe. Wiederholte Diätfehler im Verlauf einer Woche könnten das Kind für mehr als eine Woche in den früheren überaktiven Zustand zurückbringen. Demgegenüber sei ein Erfolg der Diät-Therapie bei kleinen Kindern bis zu zwei Jahren bereits innerhalb von 36 Stunden, bei Kindern zwischen zwei und fünf Jahren innerhalb von fünf Tagen und schließlich bei Kindern zwischen sechs und zwölf Jahren innerhalb von 15 Tagen nachhaltig erkennbar. Die Erfolgsquote liege bei 60 bis 70 Prozent; die Kinder würden ihr Verhalten dann uneingeschränkt kontrollieren können. Was von solchen Aussichten und Versprechungen zu halten ist, soll im folgenden anhand der vorliegenden Untersuchungsbefunde überprüft werden.

Zunächst ist festzuhalten, daß Diäten oft wenig praktikabel sind. Es ist ausgesprochen schwierig, Kinder dauerhaft und konsequent von den vermeintlichen Allergenen fernzuhalten. Dies gelingt offenbar selbst in Diätkliniken nur selten, weil sich irgendwo in der Nähe ein Kiosk, ein Süßwarengeschäft oder ein Coca-Cola-Automat findet. Ferner ist des öfteren zu beobachten, daß Kinder, die nicht an der Diät teilnehmen, den »Diätkindern« aus Mitleid eigene Nachspeisen und Süßigkeiten abgeben.

Noch düsterer steht es um Untersuchungen zur tatsächlichen Wirksamkeit dieser Therapien. Die meisten Wirksamkeitsuntersuchungen, die von den Verfechtern der Diät vorgelegt werden (z. B. Feingold, Hafer, Salzmann, Brenner, Rapp) weisen erhebliche methodische Schwächen auf und gelten nicht als wirkliche Nachweise (zusammenfassend Steinhausen 1982, S. 99 ff.).

Wirksamkeitsuntersuchungen zur Diät-Therapie

Wie sieht es um die Wirksamkeit der Diät aus? Nachfolgend werden *unabhängige Studien* vorgestellt, die nicht von den »Erfindern« einer Diätbehandlung oder ihnen nahestehenden Personen stammen.

- Hochreutener, Baerlocher, Bernhardsgrütter, Roth und Hasenfratz (1991) führten mit 11 Kindern (7 Jungen und 4 Mädchen) zwischen 6;6 und 15;4 Jahren eine Diätbehandlung durch. Bei diesen Kindern bestand ein Verdacht auf Nahrungsmittelallergien bzw. -intoleranz. Die Kinder wurden sorgfältig auf allergene Reaktionen untersucht (Blutuntersuchung, Prick-Test). Die Diät bestand darin, für das einzelne Kind »kritische« Nahrungsmittel wegzulassen (individuell angepaßte Eliminationsdiät). Bei 2 Kindern waren das Weizen und anderes Getreide, bei 5 Kindern Milch; je ein Kind erhielt zusatzarme bzw. oligoantigene Kost. Die Ergebnisse wurden in Elternbeurteilungen, Labyrinth-Tests und einer Überprüfung der motorischen Aktivität (mit Hilfe eines Geräts, des sogenannten Aktometers) über 24 Stunden erfaßt.

  Ergebnis: Die Eltern gaben im Verlauf der Diätbehandlung eine Verbesserung an. Ferner verbesserte sich das Lernverhalten im Labyrinth-Test bei 5 Kindern, während die anderen keine Unterschiede aufwiesen. Während der Diät zeigten 4 der 11 Kinder eine um 25 Prozent verminderte motorische Aktivität.

- Marcus (1995) behandelte 49 aufmerksamkeitsgestörte/überaktive Kinder mit einer oligo-antigenen Diät; die Kinder waren teilweise auch in ihrem Sozialverhalten beeinträchtigt. Während des stationären Aufenthalts (Zentralinstitut für seelische Gesundheit in Mannheim) erhielten sie eine Diät nach den Empfehlungen von Egger (1988, siehe oben, S. 159f.). Als Vergleich wurden Ergebnisse einer Behandlung mit dem anregenden Medikament Methylphenidat hinzugezogen. Weder die Kinder noch die Betreuer wußten darüber Bescheid, ob und welche Diät gegeben wurde; es handelte sich um einen sogenannten »Doppelblindversuch«.

Ergebnis: Unter einer oligo-antigenen Diät verbesserte sich das Verhalten bei insgesamt 9 und bei einer Diät mit einer Reduzierung von Antigenen bei 11 Kindern (von insgesamt 45). Eine wirklich bedeutsame Verbesserung erreichten unter der Diät nur 9 Prozent (insgesamt 4) der Kinder. Die Medikamente wirkten deutlich besser als die oligo-antigene Diät.

- Leuenberger und Schneider (1991) gaben 15 Kindern (3 Mädchen und 12 Jungen) zwischen 4;5 und 18 Jahren eine phosphatarme Diät nach den Empfehlungen der Schweizer Phosphatliga. Die erwartete Wirkung wurde von wichtigen Bezugspersonen, Krankenschwestern, Lehrern, Psychologen sowie Ärzten beurteilt.

Ergebnis: Bei 9 Patienten zeigte sich ein deutlicher, bei 3 Patienten ein mäßiger Erfolg, bei weiteren 3 Kindern keinerlei Veränderung. Die beobachteten Erfolge schlugen sich innerhalb von wenigen Wochen in besseren Schulleistungen nieder. Bei einigen Kindern verbesserten sich auch verschiedene Testleistungen wie z. B. im Intelligenztest und im Formerfassungstest.

- Klein (1992) untersuchte die Wirkung einer phosphatreduzierten Diät nach Hafer (1990) bei 65 aufmerksamkeitsgestörten/überaktiven Kindern. Die Eltern beurteilten während dieser Zeit das Verhalten ihrer Kinder anhand von vorgegebenen Aussagen.

Ergebnis: Von 65 ursprünglich beteiligten Elternpaaren schlossen 35 die Untersuchung ab (30 Jungen, 5 Mädchen). 30 Eltern erschien die Diät zu aufwendig bzw. aus unterschiedlichen Gründen nicht durchführbar. Wie sehr die Kinder »phosphatbelastet« waren, wurde in einem zusätzlichen Speicheltest erfaßt. Die Eltern gaben an, daß sich nach Abschluß der Diät 12 Kinder deutlich und 13 Kinder nicht gebessert hätten. Die Eltern sahen vor allem die stärker phosphatbelasteten Kinder als gebessert an.

- Schulte-Körne, Deimel, Gutenbrunner, Hennighausen, Rieger und Remschmidt (1996) überprüften an der Universitätsklinik Marburg die Wirkung einer oligo-antigenen Diät bei insgesamt 21 Kindern. Die Mütter wurden von einer Diätassistentin angeleitet. Die Wirksamkeit der Behandlung wurde anhand von Testverfahren (Aufmerksamkeitstest), Elternschätzungsverfahren und Bewegungsmessung (Aktometer) bewertet. Nach drei Wochen mit einer ausgewogenen Basisernährung schlossen sich drei Wochen Diät und drei Wochen an, in denen mit dem Verfahren der sogenannten Provokation ermittelt wurde, ob sich die Verhaltensauffälligkeiten unter Aufnahme der als allergieauslösend verdächtigten Nahrungsmittel verstärkten. Während des gesamten Behandlungsverlaufs wurde die Wirksamkeit dieser Maßnahmen überprüft.
  Ergebnis: Die Eltern gaben bedeutsame Verbesserungen an, wohingegen sich aus den objektiven Testdaten keine Fortschritte ablesen ließen.

- Kavale und Forness (1983) werteten insgesamt 23 Untersuchungen zur Feingold-Diät aus. In diesen 23 Einzeluntersuchungen hatte jeweils eine Gruppe eine Diätbehandlung erhalten, während eine Vergleichsgruppe ohne Diätbehandlung blieb. Die Wirksamkeit der Behandlung wurde überwiegend über Einschätzungen durch Eltern und Lehrer erfaßt.
  Ergebnis: Insgesamt zeigte sich eine sehr geringe Wirkung. Die Kinder unter Diät verbesserten sich nur um etwa 5 Prozent gegenüber den Kindern ohne Diät.

Der aktuelle Forschungsstand liefert keine schlüssigen Belege für die Wirksamkeit solcher Diäten (Barchmann und Kinze 1991, Vernoj 1992 sowie American Academy of Child and Adolescent Psychiatry 1997). Dennoch ist in Einzelfällen immer wieder zu beobachten, daß sich das Verhalten der Kinder bei solchen Diäten erkennbar verbessert. Offenbar liegt das aber weniger an der Diät als daran, daß die Familie eine befriedigende Erklärung für die Schwierigkeiten des Kindes gefunden hat, die Familie bei der Veränderung der Störung an einem Strang zieht und eine – sehr aufwendige – Behandlung durchführt, die dem Kind eine neue Position in der Familie gibt. Gleichzeitig erhält das Kind auch mehr Zuwendung.

In jedem Fall stellen Diäten eine Belastung für die Familie dar und führen zu einem dramatischen Einschnitt im Alltagsleben. Eine Diät bringt zahlreiche Einschränkungen mit sich, ihre Einhaltung ist aufwendig und unter Umständen recht konfliktträchtig. Häufig ist sie äußerst kompliziert, schwer durchführbar und nur schwer zu überwachen. Außerdem muß bedacht werden, daß einige potentiell allergieauslösende Stoffe lebensnotwendige Substanzen enthalten. Bei einer einseitigen Ernährung mit solchen Diäten besteht daher ein erhebliches Risiko für Mangelerscheinungen.

Allerdings erscheint es generell empfehlenswert, auf eine Ernährung mit möglichst naturbelassenen Stoffen zu achten. Die durch Lebensmittelzusätze und Genmanipulation von Nahrungsmitteln ausgelöste Beunruhigung der Eltern ist durchaus verständlich und sollte bei der Ernährung des Kindes berücksichtigt werden. Bei den Gesprächen über das familiäre und außerfamiliäre Leben des Kindes kann eine Überprüfung der Ernährungsgewohnheiten also durchaus eine Rolle spielen. Eine derartige Ernährung bzw. Ernährungsumstellung bietet jedoch keinesfalls eine Alternative zu den ansonsten verfügbaren und bisher beschriebenen Behandlungsmöglichkeiten.

13 Motorische Übungsbehandlung

Mitunter wird nicht nur eine körperliche Unruhe (Überaktivität), sondern auch eine mangelnde motorische Geschicklichkeit des Kindes beobachtet. Oft ist man dann der Meinung, daß eine motorische Übungsbehandlung angebracht ist. Eine solche Behandlung wird von Mototherapeuten und Diplom-Sportlehrern angeboten. Mitunter besteht auch die Überzeugung, daß damit Überaktivität und Aufmerksamkeitsbeeinträchtigungen zu heilen sind.

Wenn motorische Schwierigkeiten als Begleitmerkmal von Aufmerksamkeitsstörungen diagnostiziert werden, ist eine motorische Übungsbehandlung durchaus angebracht, um beispielsweise Mängel in der Fein- und Grobmotorik sowie bei der Bewegungssteuerung auszugleichen. Mototherapeuten und Diplom-Sportlehrer, die diese Übungsbehandlung anbieten, sind häufig der Auffassung, daß damit auch die Aufmerksamkeitsstörung/Überaktivität selbst zu »therapieren« sei. Durch sportliche Übungen sollen sich die Aufmerksamkeitsleistung verbessern, die motorische Unruhe vermindern und die sozialen Schwierigkeiten verringern.

Es hat sich in zusammenfassenden Untersuchungen (sogenannten Metaanalysen) jedoch gezeigt, daß sich diese hochgesteckten Erwartungen nicht erfüllen (Krombholtz 1985, Heuer und Keele 1994, Zimmermann 1995). Alle Untersuchungen kommen zum Schluß, daß die motorischen Leistungen der Kinder zwar besser werden, Aufmerksamkeit und Motivation sich aber nicht verbessern und eine bestehende Ängstlichkeit nicht zurückgeht. Dies ist auch nicht weiter verwunderlich, denn warum sollten sich eine Aufmerksamkeitsstörung und die damit einhergehenden Probleme aufgrund sportlicher Übungen »beheben« lassen? Offensichtlich wird durch diese Behandlung aber die Bewegungsfreude angeregt, und das Kind kann sich mit anderen Kindern zusammen in unterschiedlichen (auch risikoreichen) Aktivitäten erproben. Psychomotorische Übungen sollten zwar nicht als ausschließliche bzw. alternative Therapie eingesetzt werden, die Einübung solcher Fertigkeiten kann jedoch durchaus förderlich sein, um dem Kind neue Bewegungserfahrungen zu ermöglichen und seine sozialen Kontakte zu erweitern.

14 Sonderschule –
Heim – Psychiatrie

Wenn die Schwierigkeiten eskalieren und die Möglichkeiten von Schule oder Elternhaus ausgeschöpft sind, wird oft erwogen, das Kind außerhalb der Familie in Heimen, in der Psychiatrie oder in einer Sonderschule unterzubringen. Solche Überlegungen werden meist von Aufsichtspersonen in Behörden und Schulen ins Spiel gebracht; insbesondere dann, wenn andere Bemühungen (etwa eine Behandlung) erfolglos geblieben sind. Wir erörtern, was von solchen Alternativen zu halten ist.

Kinder, die zusätzlich zur Aufmerksamkeitsschwäche und motorischen Unruhe auch soziale Schwierigkeiten haben, sind anstrengend und überfordern oft ihre Lehrer, Erzieher und Eltern. Gerade dann ist die Verlockung groß, die Kinder in einer Sonderschule, in der Psychiatrie oder einem Heim unterzubringen. Diese Entscheidung sollte aber sorgfältig bedacht werden. Tatsächlich ist nur in wenigen Fällen eine Überweisung des Kindes in ein Heim oder in die Psychiatrie oder eine Umschulung angebracht.

Sonderschulüberweisung

Die Neigung, aufmerksamkeitsgestörte bzw. überaktive Kinder in speziellen Schulen zusammenzufassen, ist nach wie vor stark. In der Bundesrepublik kommen dafür Sonderschulen in Frage, die speziell für Lernbehinderte, für erziehungsschwierige, sprachauffällige und körperbehinderte Kinder eingerichtet wurden. Dafür werden spezielle Lehrer (Sonderschullehrer) eingesetzt, die Klassen sind klein (etwa 8 bis 12 Schüler), und es wird eine umfangreiche Förderung angeboten (etwa Sprachförderung,

Eingehen auf Lernschwierigkeiten). Obwohl diese Angebote zu begrüßen sind, gibt es dabei auch einige Nachteile zu bedenken: In den Schulen werden schwierige Kinder zusammengefaßt, von den Kindern wird insgesamt weniger verlangt (etwa in der Förderschule), es fehlt den Kindern in diesen Schulen an positiven Vorbildern, und die Schulen bilden oft ein »Ghetto«. Jede Sonderschulart hat bestimmte Eingangsvoraussetzungen, die von Bundesland zu Bundesland verschieden sind. Vor einer Überweisung wird genau geprüft, ob das Kind sonderschulbedürftig ist. Sonderschulbedürftig ist ein Kind dann, wenn es in der Grund- und Hauptschule »nicht ausreichend gefördert werden kann«. Testpsychologische Untersuchungen (etwa zur Intelligenz und zur Sprache) helfen dabei, die Lernschwierigkeiten des Kindes zu objektivieren. Sollte man als Eltern die Überweisung eines aufmerksamkeitsgestörten Kindes an eine Sonderschule unterstützen? Unsere Antwort darauf ist ein klares Nein. Wenn es sich ausschließlich um eine Aufmerksamkeitsstörung handelt, bringt eine solche Umschulung keine Vorteile. Ganz anders sieht es aus, wenn das Kind neben einer Aufmerksamkeitsstörung eine weitere Behinderung hat (etwa eine gravierende Sprachentwicklungsverzögerung oder einen deutlichen geistigen Entwicklungsrückstand). Wenn die Aufmerksamkeitsstörung nicht das Hauptproblem ist, wird das Kind in einer solchen Schule gut aufgehoben sein. Entscheidend für die Überweisung in die Sonderschule ist dann aber nicht die Aufmerksamkeitsstörung, sondern die Lern- und/oder Sprachbehinderung.

Allein aufgrund einer Aufmerksamkeitsstörung sollte kein Kind in eine Sonderschule umgeschult werden! Es ist keineswegs gerechtfertigt, ein aufmerksamkeitsgestörtes Kind – auch wenn es große soziale Probleme hat – sozusagen automatisch in eine Schule für erziehungsschwierige Kinder »abzugeben«. Einer solchen Überweisung sollten Sie nur dann zustimmen, wenn die Probleme eines Kindes weit über die Aufmerksamkeitsstörung und die üblichen sozialen Probleme hinausgehen. Zuvor wäre jedoch immer eine medikamentöse Therapie zu erproben.

169

Heimunterbringung

Die Betreuung des Kindes durch ein Kinderheim wird durch das Jugendamt veranlaßt. Sie dient nicht vorrangig der Behandlung oder Therapie eines Kindes, sondern ist das äußerste Mittel der Wahl, wenn die Eltern bzw. die Sorgeberechtigten keine dem Wohl des Kindes entsprechende Erziehung gewährleisten können. Dies ist der Fall, wenn die Eltern gewalttätig (starke körperliche Mißhandlung des Kindes), drogenabhängig oder sogar in den Drogenhandel verwickelt sind. Dasselbe gilt, wenn die Eltern an schwerem Alkoholismus leiden oder aufgrund psychischer Erkrankungen erziehungsunfähig sind sowie bei aktuellen familiären Krisensituationen (z. B. Haftaufenthalt oder Erkrankung der Eltern). Solche Probleme dürften bei aufmerksamkeitsgestörten Kindern und ihren Familien allerdings die große Ausnahme sein und haben letztlich kaum etwas mit der grundlegenden Störung zu tun.

Daneben gibt es auch die Möglichkeit einer freiwilligen Heimunterbringung, die von den Eltern im Rahmen der »freiwilligen Erziehungshilfe« beantragt werden kann; wenn die Eltern in Einzelfällen also nicht mehr weiter wissen und eine zeitweilige Unterbringung veranlassen. In der Regel wird sich die Heimeinweisung jedoch auf Ausnahmen beschränken; sie ist jedenfalls nicht das allgemeine »Mittel der Wahl«.

Psychiatrie

Eine psychiatrische Behandlung kann sehr unterschiedlich aussehen. Es gibt beispielsweise Kliniken, deren Mitarbeiter psychoanalytische Konzepte vertreten, und Kliniken, deren Mitarbeiter nach verhaltenstherapeutischen Prinzipien arbeiten. Selbst innerhalb derselben Einrichtung können die einzelnen Stationen völlig unterschiedlich ausgerichtet sein, je nach Überzeugung und Ausbildung der Mitarbeiter. Wie man in der Kinder- und

Jugendpsychiatrie arbeitet, läßt sich demnach kaum allgemein-gültig sagen. Im Infokasten »Behandlungsprogramm« finden Sie ein Beispiel für ein fortschrittliches Konzept einer nordrhein-westfälischen Klinik.

Wenn Sie überlegen, Ihr Kind einer Klinik für Kinder- und Jugendpsychiatrie anzuvertrauen, sollten Sie sich zuvor also eingehend über das Behandlungsprogramm und die Behandlungsmöglichkeiten der Klinik informieren. Daß eine angemessene Behandlung angeboten wird, läßt sich an folgendem festmachen: Es gibt ein Behandlungsprogramm unter Einbeziehung der Eltern; die Kombination mehrerer Therapiebausteine (etwa medikamentöse Therapie, psychologische Behandlung, soziales Training, Familiengespräche) ist gewährleistet; das Kind wird während des Klinikaufenthaltes beschult.

Es sollte allerdings immer abgewogen werden, ob ein Klinikaufenthalt tatsächlich genug bringt und ob eine ambulante Betreuung an der Klinik nicht besser wäre. So wird ein Kind durch den Klinikaufenthalt für längere Zeit von seiner Familie getrennt und auch heute noch stigmatisiert.

Falls auch nach solchen Abwägungen dennoch eine stationäre Behandlung geplant wird, sollte dies in Gesprächen zu Hause sorgfältig vorbereitet werden: Das Kind darf einen Klinikaufenthalt keineswegs als Bestrafung verstehen oder sich »abgeschoben« fühlen!

Behandlungsprogramm einer nordrhein-westfälischen Klinik für Kinder- und Jugendpsychiatrie

Aufnahme: In der Regel werden in der Klinik sieben- bis elfjährige Kinder mit Aufmerksamkeitsstörungen aufgenommen, die nicht mehr ambulant behandelt werden können. Bei den meisten Kindern ist auch das Sozialverhalten schwer gestört. Die Kinder werden zunächst für zwei Wochen zur Probe aufgenommen. Wenn sich die Aufmerksamkeitsstörungen und sozialen Schwierigkeiten der Kinder bestätigen (Einschätzung durch das Klinikpersonal), folgt eine etwa 3 Monate dauernde Behandlung, in die auch die Eltern einbezogen werden.

Erste Therapiephase – Einzeltherapie des Kindes: Die Behandlung orientiert sich an den Behandlungsformen der Verhaltenstherapie (u. a. Lernen am Modell des Therapeuten, Steuerung des eigenen Verhaltens durch Selbstinstruktionen). Die Kinder lernen zudem eine Entspannungsmethode (Autogenes Training), die in Kombination mit einzelnen Behandlungstechniken (insbesondere Rollenspiel) eingesetzt wird. Die Eltern werden ausführlich über die Aufmerksamkeitsstörung/Hyperaktivität und die geplante Behandlung ihrer Kinder informiert und zu einem günstigeren Erziehungsverhalten angeleitet. Dabei wird mit ihnen anhand lerntheoretischer Prinzipien erörtert, wie das Verhalten von Eltern und Kindern voneinander abhängt, wie die derzeitigen Probleme erklärt werden können und wie man diesen Kreislauf durchbrechen kann. Bei Bedarf wird eine ergänzende Paartherapie für die Eltern angeboten.

Zweite Therapiephase – Familientherapie: Alle Familienmitglieder, also auch die Geschwister des betroffenen Kindes und evtl. die Großeltern nehmen an gemeinsamen Gesprächen in der Klinik teil. Dabei werden neue Regeln für die Familie erarbeitet. Diese sollen für jedes Familienmitglied verbindlich werden, also mit entsprechenden Konsequenzen verbunden sein. Regeln und Konsequenzen werden in einem Vertrag festgehalten, der von allen Familienmitgliedern unterschrieben wird. Eine erste Gelegenheit für die Erprobung ergibt sich in sogenannten »Urlaubswochenenden«, in denen das Kind nach Hause kommt (siehe unten »Kontakt des Kindes zur Familie«).

Dritte Therapiephase – Medikamentöse Behandlung des Kindes: Wenn im Verlauf der bisherigen Behandlung keine befriedigenden Fortschritte erkennbar wurden, wird eine zusätzliche Stimulantientherapie (Behandlung mit Ritalin) eingeleitet.

Kontakt des Kindes zur Familie während des Klinikaufenthaltes: Während der ersten Wochen des Klinikaufenthaltes bleibt der Kontakt des Kindes zu seinen Eltern auf Telefongespräche zu vorgegebenen Zeiten beschränkt. Ab der zweiten Woche sind dann Besuche der Eltern in der Klinik vorgesehen, nach der vierten Woche darf das Kind in einem 14tägigen Rhythmus das Wochenende (von Samstag auf Sonntag) zu Hause verbringen. Gegen Ende der Behandlung werden schließlich einwöchige »Beurlaubungen« vom Klinikaufenthalt eingeführt.

Eine Einweisung in die Psychiatrie ist unseres Erachtens wegen einer Aufmerksamkeitsstörung allein nicht angebracht. Viel eher ist eine ambulante Behandlung zu empfehlen, die jedoch auch an einer solchen Einrichtung stattfinden kann. Es gibt auch an Kliniken und psychiatrischen Einrichtungen Psychologen und Ärzte, die ambulant und sehr konstruktiv mit aufmerksamkeitsgestörten Kindern und deren Eltern arbeiten (z. B. Kinder- und Jugendpsychiatrie an der Universitätsklinik zu Köln). Eine ambulante Behandlung an der Kinder- und Jugendpsychiatrie kann insbesondere bei Kombinationsbehandlungen sogar von Vorteil sein, da Ärzte und Psychologen unter einem Dach arbeiten und so medikamentöse und psychologische Behandlung ohne größeren Aufwand gut zu koordinieren sind.

Anhang

Anhang A: Wie die Störung professionell bestimmt wird

Die Diagnosekriterien stammen aus dem Diagnostischen und Statistischen Manual Psychischer Störungen, DSM-IV, Seite 129–130 (vgl. Literaturverzeichnis).

A. Entweder Punkt 1 oder Punkt 2 müssen zutreffen:

1. Sechs (oder mehr) der folgenden Symptome von *Unaufmerksamkeit* müssen während der letzten sechs Monate beständig in einem mit dem Entwicklungsstand des Kindes nicht zu vereinbarenden und unangemessenen Ausmaß vorhanden sein.

Unaufmerksamkeit: Der Betroffene …
a) kann oftmals seine Aufmerksamkeit nicht auf Details richten oder macht Flüchtigkeitsfehler bei den Schularbeiten, bei Hausaufgaben oder anderen Aktivitäten.
b) hat oft Schwierigkeiten, längere Zeit die Aufmerksamkeit bei Aufgaben oder Spielaktivitäten aufrechtzuerhalten.
c) scheint oft nicht zuzuhören, wenn andere ihn ansprechen.
d) führt häufig Anweisungen anderer nicht vollständig durch und kann Schularbeiten, andere Arbeiten oder Pflichten am Arbeitsplatz nicht zu Ende bringen (nicht aufgrund oppositionellen Verhaltens oder von Verständnisschwierigkeiten).
e) hat häufig Schwierigkeiten, Aufgaben und Aktivitäten zu organisieren.
f) vermeidet häufig, hat eine Abneigung gegen oder beschäftigt sich häufig nur widerwillig mit Aufgaben, die länger andauernde geistige Anstrengungen erfordern (wie Mitarbeit im Unterricht oder Hausaufgaben).
g) verliert häufig Gegenstände, die er für Aufgaben oder Aktivi-

174

täten benötigt (z. B. Spielsachen, Hausaufgabenhefte, Stifte, Bücher oder Werkzeug).

h) läßt sich öfter durch äußere Reize ablenken.

i) ist bei Alltagstätigkeiten häufig vergeßlich.

2. Sechs (oder mehr) der folgenden Symptome von *Hyperaktivität und Impulsivität* müssen während der letzten sechs Monate beständig in einem mit dem Entwicklungsstand des Kindes nicht zu vereinbarenden und unangemessenen Ausmaß vorhanden sein.

Hyperaktivität: Der Betroffene ...

a) zappelt häufig mit Händen oder Füßen oder rutscht auf dem Stuhl herum.

b) steht in der Klasse oder in anderen Situationen, in denen Sitzenbleiben erwartet wird, häufig auf.

c) rennt häufig umher oder klettert exzessiv in Situationen, in denen dies unpassend ist (bei Jugendlichen oder Erwachsenen kann dies auf ein subjektives Unruhegefühl beschränkt bleiben).

d) hat häufig Schwierigkeiten, ruhig zu spielen oder sich mit Freizeitaktivitäten ruhig zu beschäftigen.

e) ist häufig »auf Achse« oder handelt oftmals, als wäre er »getrieben«.

f) redet häufig übermäßig viel.

Impulsivität: Der Betroffene ...

g) platzt häufig mit den Antworten heraus, bevor die Frage zu Ende gestellt ist.

h) kann nur schwer warten, bis er an der Reihe ist.

i) unterbricht und stört andere häufig (platzt z. B. in Gespräche oder Spiele anderer hinein).

B. Einige Symptome der Hyperaktivität-Impulsivität oder Unaufmerksamkeit, die Beeinträchtigungen verursachen, treten bereits vor dem Alter von sieben Jahren auf.

C. Beeinträchtigungen durch diese Symptome zeigen sich in zwei oder mehr Bereichen (z. B. in der Schule, bei der Arbeit und zu Hause).

D. Es müssen deutliche Hinweise auf eine klinisch bedeutsame Beeinträchtigung des sozialen und/oder schulischen Verhaltens oder bei anderen Aktivitäten vorhanden sein.

E. Die Symptome treten nicht ausschließlich im Verlauf einer tiefgreifenden Entwicklungsstörung, Schizophrenie oder einer anderen psychotischen Störung auf und werden auch nicht besser durch eine andere Störung beschrieben (z. B. Affektive Störung, Angststörung, Dissoziative Störung oder eine Persönlichkeitsstörung).

Anhang B: Beispiel für einen Fragebogen »Verhaltensmerkmale der Aufmerksamkeitsstörung/Überaktivität«

Auf den nächsten Seiten finden Sie einige Aussagen über das Verhalten von Kindern. Bitte geben Sie durch Ankreuzen an, ob die jeweilige Beobachtung für das oben genannte Kind/den oben genannten Schüler zutrifft. Das Vorliegen eines Merkmals gilt jedoch nur dann als gegeben, wenn Sie diese Verhaltensweise schon länger als ein halbes Jahr beständig beobachten und wenn die jeweilige Verhaltensweise in einer Ausprägung auftritt, die (nach Ihrer Erfahrung) nicht dem Entwicklungsalter des Kindes entspricht und unangemessen ist.

	stimmt	stimmt nicht
Das Kind/der Schüler/ die Schülerin …		
1. kann oftmals seine Aufmerksamkeit nicht auf Details richten oder macht Flüchtigkeitsfehler bei den Schularbeiten, bei Hausaufgaben oder anderen Aktivitäten.	(∅)	( )
2. hat oft Schwierigkeiten, längere Zeit die Aufmerksamkeit bei Aufgaben oder Spielaktivitäten aufrechtzuerhalten.	(∅)	( )
3. scheint oft nicht zuzuhören, wenn andere ihn/sie ansprechen.	( )	(∅)

4. führt häufig Anweisungen anderer nicht vollständig aus und kann Schularbeiten, andere Arbeiten oder Pflichten am Arbeitsplatz nicht zu Ende bringen (nicht aufgrund oppositionellen Verhaltens oder von Verständnisschwierigkeiten). () ⌀

5. hat häufig Schwierigkeiten, Aufgaben und Aktivitäten zu organisieren. ⌀ ()

6. beschäftigt sich häufig nur widerwillig mit Aufgaben, die länger andauernde geistige Anstrengungen erfordern (wie Mitarbeit im Unterricht oder Erledigung der Hausaufgaben). ⌀ ()

7. verliert häufig Gegenstände, die er/ sie für Aufgaben oder Aktivitäten benötigt (z. B. Spielsachen, Hausaufgabenhefte, Stifte, Bücher oder Werkzeug). () ✗ ()

8. läßt sich öfter durch äußere Reize ablenken. ⌀ ()

9. ist bei Alltagstätigkeiten häufig vergeßlich. ⌀ ()

10. zappelt häufig mit Händen oder Füßen, rutscht auf dem Stuhl herum. () ✗ ()

11. steht häufig in der Klasse oder in anderen Situationen auf, auch wenn Sitzenbleiben erwartet wird.   ()   ()   Z

12. rennt häufig umher oder klettert exzessiv in Situationen, in denen dies unpassend ist (bei Jugendlichen oder Erwachsenen kann dies auf ein subjektives Unruhegefühl beschränkt bleiben).   (✗)   ()

13. hat häufig Schwierigkeiten, ruhig zu spielen oder sich mit Freizeitaktivitäten ruhig zu beschäftigen.   ()   (✗)

14. ist häufig »auf Achse« oder handelt oftmals, als wäre er/sie »getrieben«.   (✗)   ()

15. redet häufig übermäßig viel.   (✗)   ()

16. platzt häufig mit der Antwort heraus, bevor die Frage zu Ende gestellt ist.   (✗)   ()

17. kann nur schwer warten, bis er/sie an der Reihe ist.   (✗)   ()

18. unterbricht und stört andere häufig (platzt z. B. in Gespräche oder Spiele anderer hinein).   (✗)   ()

179

Anhang C: Regeln für das Belohnungssystem

Ist das Belohnungssystem für Sie und Ihre Familie geeignet?

Überlegen Sie, ob
- das Belohnungssystem über längere Zeit eingehalten werden kann,
- die Punktvergabe konsequent durchzuhalten ist,
- das Verhalten, das Sie bei Ihrem Kind anregen wollen, auch tatsächlich registriert werden kann, wenn es angebahnt wird,
- das Belohnungssystem von der Familie akzeptiert wird.

Welches Verhalten wollen Sie bei Ihrem Kind erreichen?

Es ist sehr wichtig, das »richtige« Problemverhalten zu finden. Gehen Sie dabei wie folgt vor:
- Wählen Sie ein Problemverhalten aus, das Ihnen besonders wichtig ist und das Sie ändern möchten. Nehmen Sie dazu Ihre Liste mit den wirklich bedeutsamen Verhaltensweisen zur Hand (vgl. Anhang I, sowie den Abschnitt »Sich auf das Wesentliche konzentrieren« in Kapitel 6).
- Versuchen Sie, immer nur *eine* Verhaltensweise auf einmal zu ändern.
- Fordern Sie nur solches Verhalten von Ihrem Kind, zu dem es auch wirklich in der Lage ist.
- Wählen Sie ein Verhalten, das nur in ganz bestimmten und gut überschaubaren Situationen vorkommt (etwa sich morgens selbständig anziehen).
- Überlegen Sie sich genau, was das Kind in dieser Situation tun sollte (etwa: Es soll sich zügig und selbständig anziehen).

180

Für jedes positive Verhalten erhält das Kind einen sogenannten Tauschverstärker, also eine Wertmarke wie einen Punkt, ein Sternchen, eine Spielmarke oder einen Sticker. Sie werden in eine Liste eingetragen oder aufgeklebt und eingetauscht, wenn das Kind eine bestimmte Anzahl davon gesammelt hat.

Legen Sie fest, was ein positives Verhalten ist

Für welches Verhalten soll es eine Wertmarke geben und wann nicht? Beispielsweise geht es Ihnen darum, daß Ihr Kind sich morgens selbständig anzieht. Was verstehen Sie darunter? Geht es nur um das Anziehen der bereitgelegten Kleidungsstücke oder auch um das Aussuchen aus dem Kleiderschrank? Muß es seinen Schlafanzug ins Bett legen oder kann es ihn auf dem Boden liegen lassen? Was ist mit Waschen und Zähneputzen? Gehört das auch noch dazu oder nicht? Es gibt keine Wertmarke, wenn das Kind die Abmachung (auch nur teilweise) nicht oder nur mit Trotz und Geschrei erfüllt hat oder wenn es Sie dabei beschimpft.

Legen Sie zunächst für sich fest, wofür die Wertmarken eingetauscht werden können (Eintauschregel)

Die Wertmarken werden nach festgelegten Regeln eingetauscht. Beispielsweise: Für 3 Wertmarken – eine Geschichte vorlesen, auf den Spielplatz gehen, ein Eis bekommen, gemeinsam etwas basteln; für 5 Wertmarken – ein kleines, nicht zu teures Spielzeug bekommen, ins Schwimmbad gehen, eine Radtour machen; für 10 Wertmarken – ein Matchbox-Auto bekommen, Eislaufen gehen, eine Sportveranstaltung besuchen, ein Lieblingsessen bekommen; für 15 Wertmarken – ein Kinobesuch, ein gemeinsamer Ausflug, ein gemeinsames Picknick.

Es kommt nicht auf den materiellen Wert der Dinge an, sondern auf ihre symbolische Bedeutung. Wichtig ist, daß sich das Kind etwas vorgenommen und es geschafft hat und deshalb stolz auf sich sein kann.

Besprechen Sie die Vereinbarungen mit Ihrem Kind und erklären Sie ihm das Belohnungssystem

Mit dem Kind wird eine Vereinbarung getroffen, die genau festhält, welches Verhalten von ihm erwartet wird, wann es einen Tauschverstärker gibt und wann nicht, wann und gegen welche Vergünstigungen er eingetauscht werden kann.

Wenn es um das selbständige Anziehen am Morgen geht, könnte Ihr Gespräch etwa so verlaufen: »Du bist jetzt schon so groß, und ich würde mich sehr freuen, wenn du dich von jetzt an jeden Morgen alleine anziehst, ohne nach mir zu rufen. Das würde mir jeden Morgen eine Menge Zeit sparen. Jedesmal, wenn du dich alleine angezogen hast, bekommst du von mir einen Aufkleber. Wenn du fünf Aufkleber gesammelt hast, kannst du sie bei mir gegen etwas eintauschen, zum Beispiel gegen einen Schwimmbadbesuch. Was hältst du davon?«

Sagen sie dem Kind auch, daß es keinen Aufkleber bekommt, wenn es beim Anziehen nach Ihnen ruft, lautstark jammert, flucht und schimpft oder mehr als einmal ans Anziehen erinnert werden muß. Besprechen Sie außerdem genau, was zum »Anziehen« dazugehört (siehe oben). Das Kind muß genau wissen, wie die Abmachung aussieht und worauf es sich einläßt.

Schließen Sie jetzt einen Vertrag mit Ihrem Kind!

Wenn das Kind zugestimmt hat, schließen Sie einen Vertrag ab (siehe Beispiel im Anhang E). Darin wird festgelegt, welches Verhalten das Kind in Zukunft zeigen bzw. unterlassen soll und wann es eine Wertmarke gibt. Die Eltern verpflichten sich im

Gegenzug, das Kind bei Einhaltung der Abmachung zu belohnen (Wertmarke und deren Eintausch). Schreiben Sie auch hinein, wann und wofür die Wertmarken eingetauscht werden können. Das Unterschreiben nicht vergessen!

Am besten setzen Sie den Vertrag zusammen mit Ihrem Kind auf und malen ihn gemeinsam aus. Einen Vertrag erhält das Kind, einen zweiten Sie.

Legen Sie eine Liste an, in die die Wertmarken eingetragen werden

Die Liste ist folgendermaßen aufgebaut: Überschrift und Name des Kindes, Tag, Platz für das Eintragen/Aufkleben der Wertmarke. Sie sollte auch optisch etwas hergeben, also ausgemalt werden oder aus buntem Papier sein. Sie wird an einem für alle gut sichtbaren Ort (z. B. über dem Küchentisch oder an der Kinderzimmertür) befestigt, so daß der »Punktestand« jederzeit ablesbar ist.

Stellen Sie fest, ob das Kind das gewünschte Verhalten gezeigt hat, und geben Sie ihm dann die vereinbarte Wertmarke

Hier kommt es sehr auf Verläßlichkeit an, also darauf, daß Sie registrieren, ob das Kind wirklich das gewünschte Verhalten gezeigt hat. Wenn dies so ist, sollten Sie möglichst sofort die Wertmarke eintragen. Äußerst ungünstig ist es, wenn Sie beispielsweise nicht da sind oder nicht beurteilen können, ob sich das Kind tatsächlich wie verabredet verhalten hat.

Wenn es Ihnen beispielsweise um das selbständige Anziehen geht, dann erinnern Sie Ihr Kind am Morgen an die Vereinbarung, falls es sich nicht von allein anzieht. Zieht sich das Kind nun wie abgesprochen selbständig an, so sollten Sie sofort den versprochenen Aufkleber (am besten mit dem Kind zusammen) in die Liste einkleben. Zieht sich das Kind nicht innerhalb der nächsten 10 bis 15 Minuten an, so erhält es keine Wertmarke. Das gleiche ist auch der Fall, wenn es eine Auseinandersetzung über das Anziehen gibt. Erinnern Sie das Kind am Abend wieder an die Abmachung und auch am nächsten Morgen. So bekommt es eine weitere Chance.

Tauschen Sie die Wertmarke ein

Wenn das Kind eine Mindestzahl von fünf Wertmarken gesammelt hat, kann es diese gegen die vereinbarte Belohnung eintauschen. Es kann die Wertmarken aber auch sammeln, bis es eine größere Belohnung dafür bekommen kann.

Anhang D: »Der Wettkampf um lachende Gesichter« – ein spielerisches Punktesystem

Bei dem »Wettkampf um lachende Gesichter« (nach Döpfner, Schürmann und Frölich 1998) handelt es sich um ein Belohnungssystem, bei dem die Vergabe und der Entzug von Tauschverstärkern miteinander kombiniert werden. Das ist insbesondere dann sinnvoll, wenn es darum geht, ein sehr häufig auftretendes Problemverhalten zu verbessern. Dafür wird unmittelbar nach dem Regelverstoß durch den Entzug von Wertmarken auf spielerische Weise eine negative Konsequenz gezogen.

Bei diesem Wettkampf sind die Wertmarken kleine Symbole (Smilies ☺, daher »Wettkampf um lachende Gesichter«), die auf dem Spielplan abgebildet sind und nach und nach in der jeweiligen Farbe der Mitspieler ausgemalt werden.

Die erreichbare Zahl von Wertmarken bzw. Spielmarken wird zu Beginn einer »Spielzeit« vereinbart. »Gewinnen« kann entweder das Kind *oder* ein mitspielender Elternteil. Jedesmal, wenn sich das Kind nicht wie vereinbart verhält, darf der Elternteil eine Spielmarke in »seiner Farbe« ausmalen (Verstärkerentzug). Alle verbleibenden Spielmarken kann das Kind am Ende der Spielzeit für sich verbuchen. Sie werden nach vorher vereinbarten Regeln in kleine Belohnungen eingetauscht.

1. Schritt: Planung des Punktesystems

Dazu sollten Sie die folgenden Fragen klären:

● Um welches Verhalten geht es? Hier können Sie Ihre Liste mit den wirklich wichtigen problematischen Verhaltensweisen zu Hilfe nehmen (vgl. Anhang I). Sie sollten sich dabei auf *ein* wesentliches Problemverhalten beschränken. Der »Wettkampf um lachende Gesichter« ist eine sinnvolle Methode, wenn es darum geht, ein problematisches Verhalten zu korrigieren, das jeweils von kurzer Dauer ist und oft auftritt, dabei aber nicht so folgenschwer ist, daß ein spielerischer Umgang damit unangemessen wäre (wie es etwa bei körperlichen Aggressionen gegen andere Kinder der Fall ist). Legen Sie fest, um welche Verhaltensweisen es in dem Wettkampf gehen soll. Das Kind muß genau wissen, in welchen Fällen ihm Spielmarken entzogen werden. Für das Beispiel »Gebrauch von Schimpfwörtern« wäre genau festzulegen, welche Schimpfwörter unakzeptabel sind und ob es schon »zählt«, wenn das Kind leise vor sich hin schimpft, oder erst dann, wenn es ein anderes Familienmitglied laut beschimpft.

- Welcher Zeitraum gilt als »Spielzeit«? Als nächstes wird ausgemacht, was als »Spielzeit« gelten soll, zum Beispiel: »Beginn: jeden Tag, wenn das Kind aus der Schule kommt« und »Ende: nach dem Abendbrotessen«. Nur während dieses vereinbarten Zeitraums können Spielmarken gewonnen oder verloren werden.

- Wie viele Spielmarken können pro Spielzeit »gewonnen« werden? Überlegen Sie nun, wie viele Spielmarken/Punkte pro Spielzeit maximal gewonnen werden können/sollen. Die Anzahl der möglichen Punkte sollte so festgelegt werden, daß das Kind eine realistische Chance hat, ein Spiel zu gewinnen, ihm dies aber auch nicht zu leicht gemacht wird. Das ist natürlich abhängig vom Problemverhalten, das Sie gewählt haben. Bei sehr häufig vorkommenden Problemen sollten Sie viele Punkte ansetzen, um häufig reagieren zu können, im obigen Beispiel also etwa 10 Punkte pro Nachmittag. Ist das ausgewählte Verhalten zwar weniger häufig, aber sehr intensiv, wenn es auftritt (etwa: Spielzeug gegen die Wand werfen), sollte die maximale Punktzahl niedriger ausfallen (z. B. 5 Punkte), so daß der einzelne Verstoß schwerer wiegt.

- Wie lauten die Eintauschregeln für »gewonnene« Punkte? Wie im oben beschriebenen Belohnungssystem (siehe Anhang C) werden auch hier Belohnungen vereinbart, die das Kind gegen eine bestimmte Anzahl gesammelter Punkte eintauschen kann. Da auch die Eltern mitspielen und gewinnen können, muß zusätzlich abgemacht werden, was die Eltern bekommen, wenn sie z. B. am Ende der Woche mehr Punkte gesammelt haben als das Kind. Hierfür bieten sich kleine Tätigkeiten im Haus an, die leicht zu erledigen sind, aber sonst nicht zu den Pflichten des Kindes gehören, z. B. am Wochenende das Frühstück vorbereiten, im Kinderzimmer Staub wischen o. ä.

● Wie setzt man einen Vertrag auf? In einem Vertrag werden die »Spielregeln« festgelegt und von Eltern und Kind unterschrieben. Ein Beispiel für einen ausgefüllten Vertrag finden Sie im Anhang E.

2. Schritt: Durchführung

Ist der Vertrag aufgesetzt und ausgefüllt, kann der Wettbewerb um die lachenden Gesichter beginnen. Als Spielplan gibt es einen Bogen, auf dem die Spielmarken als lachende Gesichter (»Smilies«) abgebildet sind. Im Anhang E finden Sie ein Beispiel für einen Vertrag mit der Anwendung von Spielmarken. Eltern und Kind vereinbaren jeweils eine bestimmte Farbe zum Ausmalen der »Gesichter«. Jetzt ist Ihre Phantasie gefragt, um den Spielplan für Ihr Kind ansprechend zu gestalten. Der Plan wird an einem gut sichtbaren Ort in der Wohnung aufgehängt. Falls das Ihrem Kind unangenehm sein sollte, z. B. weil Geschwister auf diese Weise auch eventuelle Mißerfolge mitverfolgen können, sollten Sie natürlich davon absehen und z. B. auf die Innenseite der Kinderzimmertür ausweichen. Jedesmal, wenn das Kind innerhalb der Spielzeit das fragliche problematische Verhalten zeigt, malen Sie umgehend eine Spielmarke mit »Ihrer« Farbe an.

3. Schritt: Wertung und regelmäßige Besprechung

Am Ende der Spielzeit setzen Sie sich für die »Wertung« mit Ihrem Kind zusammen. Das Kind darf jetzt alle *noch verbleibenden* Gesichter mit »seiner« Farbe ausmalen. Das Spiel hat an diesem Tag gewonnen, wer die meisten Spielmarken sammeln konnte. Andere problematische Verhaltensweisen, die in die Spielzeit fallen – und seien sie noch so störend! – bleiben hier unberücksichtigt! Wenn Ihr Kind große Schwierigkeiten mit dem Verlieren hat, können Sie sich auch auf das Punkte-Sammeln beschränken. Wichtig ist allerdings, das Ergebnis des Tages regelmäßig zu besprechen, das Kind für bisherige Erfolge zu loben und seine Anstrengungen anzuerkennen, auch wenn es noch nicht so gut geklappt hat. Bei Mißerfolgen sollten Sie das Kind ermutigen, es erneut zu versuchen. Am nächsten Tag gilt wieder: Neues Spiel, neue Chance!

4. Schritt: Eintauschen

Die Eintauschregeln sollten so gestaltet werden, daß Ihr Kind eine Chance hat, bereits nach kürzerer Zeit (etwa nach einer Woche) eine Belohnung gegen die gewonnenen Spielmarken/Punkte einzulösen. Häufigere »kleine« Belohnungen sind dabei meist wirkungsvoller als solche, die schwerer erreichbar sind. Beispiele für Belohnungen finden Sie in Anhang C, sowie im Abschnitt »Das Kind durch Lob und Anerkennung lenken« in Kapitel 6. Dabei sollten *gemeinsame* Aktivitäten als Belohnung bevorzugt werden (z. B. mit den Eltern backen, ins Schwimmbad gehen, eine Radtour machen), zumal solche Aktivitäten eher wiederholbar sind und somit nicht so schnell ihren Wert als Verstärker verlieren.

Tobias und die Schimpfwörter

Ausgewähltes Problem: Der 7½jährige Tobias gebraucht häufig und unkontrolliert Schimpfwörter. Seine Eltern erleben dies als sehr problematisch, zumal er damit seine Spielkameraden verärgert oder sogar ängstigt. Zu Hause gerät er deswegen immer wieder in Konflikte mit seiner Schwester. In Gesprächen war bisher wenig zu erreichen; Tobias gibt an, daß ihm die Äußerungen »so rausgerutscht« seien.

Punkte-Entzugssystem: Die Eltern schlagen ihrem Sohn ein neues Spiel vor, den »Wettkampf um lachende Gesichter«. An jedem Tag soll um 10 Punkte gespielt werden. Es wird vereinbart, daß die Eltern jedesmal, wenn sie Tobias laut fluchen hören, eine Spielmarke gewinnen, die sie grün ausmalen. Die Spielzeit beginnt, wenn Tobias aus der Schule kommt und endet nach dem Zähneputzen am Abend. Die verbliebenen Spielmarken darf sich Tobias dann mit seiner Lieblingsfarbe Gelb ausmalen. Auf seinen Wunsch werden die Spielmarken als kleine Fußbälle eingezeichnet. Tobias und seine Eltern besiegeln den Vertrag schließlich mit Unterschrift und Handschlag, schneiden gemeinsam noch ein paar schöne Photos aus Illustrierten aus und bekleben damit den Plan. Der Plan hängt nun über dem Telefon im Wohnungsflur, wo jedes Familienmitglied häufig vorbeikommt. Für Tobias ist dieser Wettbewerb eine spannende Sache, und er ist richtig stolz auf die am Ende der Spielzeit gesammelten Punkte, so daß die vereinbarte Belohnung mit der Zeit eher in den Hintergrund rückt.

Anhang E: Beispiel für einen Vertrag im »Wettkampf um lachende Gesichter«

(Vertragsvorlage nach Döpfner, Schürmann und Frölich 1998)

Mitspieler:
Tobias, Mama & Papa

Spielregeln:
- ☺ An jedem Tag wird um 10 Spielmarken (☺) gespielt.
- ☺ Beginn der täglichen Spielzeit: *wenn Tobias aus der Schule zurück ist*
- ☺ Ende der täglichen Spielzeit: *nach dem Zähneputzen am Abend*
- ☺ Mama und Papa dürfen eine Spielmarke ausfüllen, wenn …
    1. *Tobias laut flucht*
    2. *Tobias seine Schwester oder Spielgefährten beschimpft*
    3. *Tobias seine Zimmertür zuschlägt*
- ☺ Die Spielmarken, die am Ende der Spielzeit übrigbleiben, gehören *Tobias.*
- ☺ Gewinner ist, wer am Ende der Spielzeit die meisten Spielmarken gesammelt hat.
- ☺ Außerdem kann *Tobias* seine Spielmarken sammeln und eintauschen.

Punktzahl:	Eintausch:
10	*abends eine Viertelstunde länger lesen dürfen*
30	*gemeinsames Kochen mit Oma*
70	*eine Fahrt zur Rollschuhbahn*

Zusatzregel:
Wenn *Mama & Papa* von *Montag* bis *Freitag* die meisten Spiele gewonnen haben, übernimmt *Tobias* folgende Aufgabe: *am Wochenende das Aquarium reinigen*

_____   _____
(Unterschrift)   (Unterschrift)

190

Anhang F: Regeln für ein Punktesystem bei den Hausaufgaben

Das Punktesystem folgt dem Vorschlag von Döpfner, Schürmann und Frölich (1998).

1. Schritt: Vereinbarung angemessener Zeiträume

Ein Elternteil geht alle an dem jeweiligen Tag anliegenden Aufgaben gemeinsam mit dem Kind durch. Eltern und Kind einigen sich auf eine für beide akzeptable Zeitspanne, um diese Aufgaben zu erledigen. Die Zeit sollte so gewählt werden, daß einerseits kein Raum zum Trödeln bleibt, das Kind andererseits aber auch nicht hektisch arbeiten muß. Die vereinbarten Zeiten werden in einem Plan festgehalten (siehe Anhang G).

2. Schritt: Schrittweise Hausaufgabenbearbeitung und Punktevergabe

Eine Uhr (z. B. ein großer Wecker) wird gut sichtbar auf den Arbeitstisch gestellt, so daß das Kind die Uhrzeit im Blick hat. Das Kind beginnt mit den Hausaufgaben. Sobald eine Aufgabe erledigt ist, wird die benötigte Zeit auf dem Plan vermerkt. Sodann setzen sich Elternteil und Kind zusammen und gehen die Aufgaben gemeinsam durch, besprechen Fragen oder notwendige Korrekturen. Schließlich bewerten Elternteil und Kind auf einer notenähnlichen Skala von 1 bis 5, wie gut die Hausaufgaben gemacht wurden. Zuerst schätzt das Kind ein, wie gut die Aufgabe ihm wohl gelungen ist, dann trägt der Elternteil seine Einschätzung in den Bogen ein. Man sollte dabei zu Beginn nicht zu kritisch sein! Von Bedeutung für die Bewertung ist auch die erkennbare Mühe, die sich ein Kind gegeben hat (z. B. leserliches

191

Schriftbild, sorgfältiges Übertragen der Aufgaben, eigene Lösungsansätze). Wenn Übereinstimmung besteht, daß das Ergebnis mindestens mit einer »4«, also als ausreichend, beurteilt werden kann, erhält das Kind einen ersten Punkt für die Qualität der Ausführung. Ein weiterer Punkt wird vergeben, wenn das Kind den verabredeten Zeitrahmen eingehalten hat. Diesen Punkt erhält das Kind aber nur dann, wenn zugleich die Ausführung ausreichend war; das ist auch für Kinder meist sehr einsichtig. In derselben Weise verfährt man nun mit allen weiteren Fächern. Bei speziellen Problemen (wenn das Kind z. B. während der Hausaufgabenbearbeitung aufsteht, nur unter lautem Schimpfen beginnt und bei Fehlern Wutanfälle bekommt) können Sonderpunkte eingeplant werden, die das Kind erhält, wenn es dieses Problemverhalten unterläßt. Die Sonderpunkte sollten Sie vorher exakt festlegen! Geben Sie z. B. einen Sonderpunkt, wenn das Kind weniger als zweimal zwischendurch aufsteht.

3. Schritt: Eintauschen der Punkte

Am Ende der Hausaufgabenzeit werden alle vergebenen Punkte zusammengezählt. Der Protokollbogen reicht etwa für eine Woche. Hat das Kind die vereinbarte Punktzahl zusammen, so folgt möglichst umgehend der Eintausch in eine vorher vereinbarte Belohnung (z. B. Zoobesuch). Bereits erarbeitete Punkte verfallen aber niemals; sie werden in die nächste Woche mitgenommen. Natürlich steht und fällt die Wirksamkeit der ganzen Sache mit der Attraktivität der Belohnung. So ist es ganz wichtig sicherzustellen, daß das Kind großes Interesse daran hat, dieses Ziel zu erreichen.

Anhang G: Beispiel für einen Hausaufgabenplan

Hausaufgabenplan für: *Daniel*

Datum	Fach	Zeit-vorgabe	Gebrauchte Zeit	Daniel: Wie gut? (1–5)	Eltern: Wie gut? (1–5)	Zusatz-punkt	Punkte	Bemerkung
13.01.97	Erdkunde	20 min	25 min	1	2		1	
14.01.97	Deutsch	10 min	3 min	4	5		keine	
14.01.97	Mathe	15 min	15 min	4	2	Ja!	3	
15.01.97	Kunst	30 min	20 min	1	3		2	
16.01.97	Deutsch	15 min	13 min	4	4		2	
16.01.97	Mathe	10 min	7 min	1	2	Ja!	3	Daniel hat ohne Unterbrechung gearbeitet!
16.01.97	Bio	20 min	30 min	2	1		1	Schöne Arbeit, aber 10 min gespielt
20.01.97	Deutsch	25 min	23 min	3	3	Ja!	3	
20.01.97	Englisch	10 min	9 min	2	1		2	
20.01.97	Mathe	20 min	15 min	1	1	Ja!	3	Toll gemacht!

Eintausch: 20 Punkte sind gesammelt!

Zusatzregel: *Daniel bekommt einen Zusatzpunkt, wenn er ein Fach erledigt, ohne zwischendurch aufzustehen.*
(Tabellenvorlage nach Döpfner, Schürmann und Frölich 1998)

Anhang H: Regeln für die Spielzeit

(Vgl. Barkley 1990; Döpfner, Schürmann und Frölich 1998)

Wenn Sie mit Ihrem Kind eine Spielzeit vereinbaren, sollten Sie folgende Punkte beachten:

- Das Kind darf aussuchen, was es spielen möchte.
- Sie sollten den Verlauf des Spieles *nicht* beeinflussen. Möchte das Kind seine eigenen Regeln aufstellen, lassen Sie es gewähren.
- Äußern Sie keine Kritik, und machen Sie keine Verbesserungsvorschläge. Schauen Sie dem Kind erst einmal zu, und schenken Sie ihm Ihre ganze Aufmerksamkeit.
- Nutzen Sie die Gelegenheit, Ihrem Kind etwas Nettes zu sagen. Sagen Sie z. B.: »Es gefällt mir sehr, wenn wir so schön miteinander spielen«, »Es ist richtig schön, mit dir ein Puzzle zu lösen« oder ähnliches.
- Drücken Sie Ihre Zuwendung auch körperlich aus, indem Sie z. B. lächeln oder dem Kind über den Kopf streichen.
- Geringfügig problematisches Verhalten sollten Sie einfach nicht beachten.
- Sehr problematisches oder aggressives Verhalten (z. B. Spielsachen gegen die Wand werfen) sollten Sie aber nicht einfach so hinnehmen! Beim ersten Mal wenden Sie sich mit einer deutlichen Geste von Ihrem Kind ab. Hört das Kind danach nicht auf, stehen Sie auf und sagen Ihrem Kind ruhig, aber bestimmt, daß die Spielzeit jetzt beendet ist.

Anhang I: Regeln für die Bestimmung von wichtigem Problemverhalten

Beim Erstellen Ihrer Liste sollten Sie folgendes beachten:

- Bleiben Sie beim konkreten Verhalten Ihres Kindes, indem Sie z. B. festhalten, daß Ihr Kind »sich weigert, bei Regen eine feste Jacke anzuziehen«, anstatt zu behaupten, »daß es immer seinen Kopf durchsetzen will«.
- Beschreiben Sie die Verhaltensweisen möglichst exakt, indem Sie z. B. festhalten, daß Ihr Kind »den Wecker auf den Boden wirft und laut schreit«, anstatt pauschal zu sagen, daß es »beim Aufstehen Theater macht«.
- Stimmen beide Elternteile in ihrer Einschätzung überein? Dieser Punkt ist besonders wichtig, da immer beide Elternteile gemeinsam etwas gegen das fragliche Problemverhalten unternehmen sollten.
- Lassen Sie sich nicht von aktuellen Emotionen leiten. Manchmal ist es zwar naheliegend, »aus der Situation heraus« ein bestimmtes Verhalten als besonders gravierend zu beurteilen, im nachhinein jedoch erweist es sich nicht immer als so wesentlich (wenn Sie z. B. in Eile sind und das Kind unbedingt noch zur Toilette gehen will). Überlegen Sie also noch einmal mit etwas Abstand, ob das bemängelte Verhalten tatsächlich so wichtig ist.

Anhang J: Anregungen zum Üben von Aufmerksamkeit

Wenn Sie mit Ihren Kind üben wollen, sich aufmerksam und ausdauernd mit einer Sache zu beschäftigen, finden Sie hier einige Anregungen:

- Bilderrätsel: Das Kind soll die Unterschiede zwischen zwei oder mehreren Bildern finden. Solche Suchbilder finden Sie beispielsweise in Zeitschriften. Alternative: Das Kind soll Unterschiede zwischen verschiedenen Häusern, Autos, Bäumen, Tieren etc. finden.
- Bildbeschreibungen: Einfache Bildvorlagen (z. B. aus Bildergeschichten und Comics oder Zeitungsbilder und Familienphotos) werden von Ihnen und Ihrem Kind abwechselnd so genau wie möglich beschrieben.
- Lotse spielen: Das Kind führt bei einer ihm bekannten Strecke den Autofahrer zum Ziel. Dafür muß die Umgebung genau beobachtet werden, damit z. B. Abzweigungen nicht übersehen werden.
- Blätter oder Steine beschreiben: Der eine Spieler beschreibt dem anderen einen Gegenstand, den dieser jedoch nicht sehen kann. Dies erfordert außerdem ein Sich-Hineindenken in den anderen.
- Übungen für das genaue Zuhören: Das Kind soll eine Sendung wiedergeben. Die Eltern können die Beschreibung des Kindes durch strukturierende Fragen (»Wie hat's denn angefangen?«, »Was ist danach passiert?«, »Gab es sonst noch etwas, was Dir wichtig ist?«) unterstützen.
- »Erst denken, dann handeln« üben. Hierzu eignen sich alle Situationen, bei denen man nicht gleich dem ersten Impuls folgen, sondern sich erst besinnen sollte: Einkaufen gehen (»*Stop!* Ich muß erst eine Einkaufsliste schreiben, Geld und Tasche zusammensuchen, leere Milchflaschen einstecken …«),

Backen (»*Stop!* Ich muß erst schauen, ob ich alle Zutaten bei-
sammen habe, ob ich den Backofen vorheizen muß, was nach
und nach zu tun ist …«), Fahrrad putzen oder Auto waschen,
Wäsche waschen, Blumen pflanzen oder mit Lego-Steinen
bauen.

Anhang K: Adressen von Bundesverbänden verschiedener Elterninitiativen

BV AÜK
Bundesverband Arbeitskreis Überaktives Kind e.V.
Bundesgeschäftsstelle
Postfach 41 07 24
12117 Berlin
Tel. 030/85 60 59 02
Fax 030/85 60 59 70

BAG-TL
Bundesarbeitsgemeinschaft zur Förderung der Kinder und Jugendlichen mit Teilleistungsstörungen (MCD/HKS) e.V.
Postfach 45 02 46
50877 Köln
Tel. 0221/499 59 98
Fax 0221/491 14 64

Bundesverband Aufmerksamkeitsstörung/Hyperaktivität e.V.
Postfach 60
91291 Forchheim
Tel. und Fax 09191/348 74

Literaturverzeichnis

American Academy of Child and Adolescent Psychiatry (1997). Practice parameters for the assessment and treatment of children, adolescents, and adults with attention-deficit hyperactivity disorder. Journal of the American Academy of Child and Adolescent Psychiatry, 36: 10 Supplement, October 1997, S. 85–121.

American Psychiatric Association (APA) (1994). Diagnostic and Statistical Manual of Mental Disorders, 4th edition. Washington: American Psychiatric Association. (Deutsche Ausgabe: Saß, H., Wittchen, H.-U. u. Zaudig, M. (1996). Diagnostisches und Statistisches Manual Psychischer Störungen, DSM-IV. Göttingen: Hogrefe.

Anderson, J. C., Williams, S., McGee, R. u. Silva, A. (1987). DSM-III (1987). DSM-III-R disorders in preadolescent children. Archives of General Psychiatry, 44, 69–76.

Barchmann, H. u. Kinze, W. (1991). Therapie mit Psychopharmaka und ihre Kombination mit psychotherapeutischen Verfahren. In: H. Barchmann, W. Kinze u. N. Roth (Hrsg.), Aufmerksamkeit und Konzentration im Kindesalter, 148–157. Berlin: Verlag Gesundheit.

Barkley, R. A. (1990). Attention-Deficit Hyperactivity Disorder. A handbook for diagnosis and treatment. New York: The Guilford Press.

Befera, M. u. Barkley, R. A. (1985). Hyperactive and normal boys and girls: Mother-child interaction, parent psychiatric status, and child psychopathology. Journal of Child Psychology and Psychiatry, 26, 439–452.

Döpfner, M., Schürmann, S. u. Frölich, J. (1998). Therapieprogramm für Kinder mit hyperkinetischem und oppositionellem Problemverhalten. Weinheim: Psychologie Verlags Union.

Egger, J. (1987). Das hyperkinetische Syndrom. Ernährungsumschau, 34, 555ff.

Egger, J. (1988). Ernährungsbedingte Aspekte des hyperkinetischen Syndroms. Forschung und Praxis. Deutsche Ärzte Zeitung, 40, 6f.

Egger, J. (1991). Das hyperkinetische Syndrom: Ätiologie, Diagnose unter besonderer Berücksichtigung der Ernährung. In: K. Baerlocher u. J. Jelinek (Hrsg.), Ernährung und Verhalten, 83–91. Stuttgart: Thieme.

Egger, J. (1995). Möglichkeiten von Diätbehandlungen bei hyperkinetischen Störungen. In: H. C. Steinhausen (Hrsg.), Hyperkinetische Störungen im Kindes- und Jugendalter, 128–135. Stuttgart: Kohlhammer.

Feingold, B. F. (1973). Food additives and child development. Hospital Practice, 8, 11–21.

Feingold, B. F. (1975). Why your child is hyperactive. New York: Random House.

Fonagy, P. u. Target, M. (1994). The efficacy of psychoanalysis for children with disruptive disorders. Journal of the American Academy of Child and Adolescent Psychiatry, 33, 45–55.

Goldner, C. (1995). Bach-Blüten-Therapie: Mischung aus Scharlatanerie, Aberglauben und Geschäftemacherei. Psychologie heute, 12, 9f.

Hafer, H. (1978). Natriumphosphat als Ursache für Verhaltensstörungen und Jugendkriminalität. Heidelberg: Kriminalistikverlag.

Hafer, H. (1984). Nahrungsphosphat – Die heimliche Droge. Heidelberg: Kriminalistikverlag.

Hafer, H. (1990). Die heimliche Droge Nahrungsphosphat: Ursache für Verhaltensstörungen, Schulversagen und Jugendkriminalität. Heidelberg: Hüthig.

Hafer, H. (1990). Die heimliche Droge Nahrungsphosphat. Heidelberg: Becker & Müller.

Heuer, H. u. Keele, S. W. (Hrsg.) (1994). Enzyklopädie der Psychologie. Psychomotorik. Göttingen: Hogrefe.

Hochreutener, H., Baerlocher, K., Bernhardsgrütter, R., Roth, N. u. Hasenfratz, M. (1991). Ergebnisse einer Pilotstudie: Einfluß einer Diät auf die Lernfähigkeit und das motorische Verhalten bei verhaltensauffälligen Kindern. In: K. Baerlocher u. J. Jelinek (Hrsg.), Ernährung und Verhalten, 96–103. Stuttgart: Thieme.

Kavale, K. A. u. Forness, S. R. (1983). Hyperactivity diet treatment: A meta-analysis of the Feingold hypothesis. Journal of Learning Disabilities, 6, 324–330.

Kavale, K. A. u. Mattson, D. (1983). One jumped off the Balance Beam: Meta-analysis of perceptual-motor training. Journal of Learning Disabilities, 16, 165–173.

Klein, L. (1992). Zur Wirksamkeit einer phosphatreduzierten Ernährung bei hyperaktiven Kindern. Sonderpädagogik, 22, 64–69.

Krombholtz, H. (1985). Können kognitive Leistungen durch motorische Fördermaßnahmen gesteigert werden? Eine Zusammenstellung vorliegender Untersuchungen zur Wirksamkeit psychomotorischer Übungsprogramme. Heilpädagogische Forschung, 12, 73–79.

Krowatschek, D. u. Krowatschek, G. (1997). Überaktive Kinder im Unterricht: Ein Trainingsprogramm, Konzeption und Versuche einer Evaluation. Report Psychologie, 22 (Heft Nr. 11/12), 884–899.

Lauth, G. W. u. Schlottke, P. F. (1998). Training mit aufmerksamkeitsgestörten Kindern, 4. Auflage. Weinheim: PVU.

Leuenberger, M. u. Schneider, A. (1991). Diätbehandlung bei psychoorganischem Syndrom (POS), Winterthurer Erfahrungen. In: K. Baerlocher u. J. Jelinek (Hrsg.), Diät und Verhalten, 104–109. Stuttgart: Thieme.

Marcus, A. (1995). Einflüsse von Ernährung auf das Verhalten im Kindesalter – Hypothesen und Fakten. In: H. C. Steinhausen (Hrsg.), Hyperkinetische Störungen im Kindes- und Jugendalter, 112–127. Stuttgart: Kohlhammer.

Mash, E. J. u. Johnston, C. (1982). A comparison of the mother-child interactions of younger and older hyperactive and normal children. Child Development, 53, 1371–1381.

Munir, K., Biedermann, J. u. Knell, D. (1987). Psychiatric comorbidity in patients with attention deficit disorder: A controlled study. Journal of the American Academy of Child and Adolescent Psychiatry, 26, 844–848.

Roth, N. u. Beyreiß, J. (1991). Hyperaktivität und Atopie/Allergie bei Kindern: Koinzidenz der Störungen und möglicher pathophysiologischer Hintergrund. In: K. Baerlocher u. J. Jelinek (Hrsg.), Diät und Verhalten, 174–182. Stuttgart: Thieme.

Saile, H. (1996). Metaanalyse zur Effektivität psychologischer Behandlung hyperaktiver Kinder. Zeitschrift für Klinische Psychologie, 25, 190–207.

Schulte-Körne, G., Deimel, W., Gutenbrunner, C., Hennighausen, K., Blank, R., Rieger, C. u. Remschmidt, H. (1996). Der Einfluß einer oligo-antigenen Diät auf das Verhalten von hyperkinetischen Kindern. Zeitschrift für Kinder- und Jugendpsychiatrie, 24, 176–183.

Steinhausen, H. C. (1982). Diätetische Behandlungsansätze beim hyperkinetischen Syndrom. In: H. C. Steinhausen (Hrsg.), Das konzentrationsgestörte und hyperkinetische Kind, 96–110. Stuttgart: Kohlhammer.

Stiftung Warentest (1996). Handbuch. Die andere Medizin. Berlin: Stiftung Warentest.

Still, G. F. (1902). The caulstonican lectures on some abnormal physical conditions in children. Lancet, 1, 1008–1012, 1077–1082, 1163–1168.

Szatmari, P., Offoerd, D. R. u. Boyli, M. H. (1989). Ontario child health study: Prevalence of Attention Deficit Disorder with Hyperactivity. Journal of Child Psychology and Psychiatry, 30, 219–230.

Vernoij, M. (1992). Hampelliese – Zappelhans: Problemkinder mit hyperkinetischem Syndrom unter besonderer Berücksichtigung des individualpsychologischen Aspektes. Stuttgart: Haupt.

Whalen, C. K., Henker, B., Buhrmester, D., Hinshaw, S. P., Huber, A. u. Laski, K. (1989). Does stimulant medication improve the peer status of hyperactive children? Journal of Consulting and Clinical Psychology, 57, 545–549.

Weltgesundheitsorganisation (1991). Internationale Klassifikation psychischer Störungen. ICD-10 Kapitel V (F), Klinisch-diagnostische Leitlinien. Hrsg. von H. Dilling, W. Mombour u. M. H. Schmidt. Bern/Göttingen: Huber.

Zimmermann, K. W. (1995). Die Psychomotorik – von der Entwicklungspsychologie vernachlässigt. In: H. W. Langfeldt u. R. Lutz (Hrsg.), Sein, Sollen und Handeln. Beiträge zur Pädagogischen Psychologie und ihren Grundlagen, 55–74. Göttingen: Hogrefe.

Verzeichnis der wichtigsten Fachbegriffe

AD(H)D: Attention Deficit (Hyperactivity) Disorder. Englischsprachige Bezeichnung für eine Aufmerksamkeitsstörung mit oder ohne Hyperaktivität (Überaktivität).

Aktometer: Ein Gerät zur objektiven Erfassung der Tages- und Nachtaktivität (bzw. -überaktivität); es kann vom Kind am Gürtel getragen werden. Mit dem Aktometer soll unter Alltagsbedingungen das Ausmaß der motorischen Aktivität/ Überaktivität des Kindes erfaßt werden.

Antisoziales Verhalten: Verhalten, durch das anderen Menschen seelischer, körperlicher oder materieller Schaden zugefügt wird, z. B. Lügen, Stehlen, Zerstörung von Dingen, körperliche Angriffe oder Brandstiftung.

Basisfertigkeiten: Vergleichsweise einfache Verhaltensweisen (wie »genau hinschauen«, »genau zuhören«, »Wahrgenommenes genau wiedergeben«), die Voraussetzung für kompliziertere Tätigkeiten sind.

Belohnungssystem: Belohnungen für ein ganz bestimmtes erwünschtes Verhalten (z. B. ein Kind packt seine Schultasche selbständig) werden nach fest vereinbarten Prinzipien vergeben. Eine Rückmeldung erfolgt dabei systematisch, d. h. sofort und jedesmal, wenn das Kind dieses Verhalten zeigt. Als Rückmeldung dienen zumeist »Wertmarken«, die gesammelt und später in Belohnungen eingetauscht werden (siehe auch »Tauschverstärker«). Sie müssen für das Kind attraktiv sein, damit sie das erwünschte Verhalten fördern.

Biofeedback: Körpersignale (z. B. die Muskelanspannung am Stirnmuskel), die man im Alltag nicht ohne weiteres wahrnimmt, werden mit einem Gerät sichtbar/hörbar gemacht. Der jeweilige Spannungs- bzw. Entspannungszustand wird z. B. als akustisches Signal (etwa in Form verschiedener Töne) zurückgemeldet. Mit Hilfe dieser Rückmeldungen lernt das Kind, seine Muskelspannung besser wahrzunehmen und zu beeinflussen.

Depressivität: Begriff für ein Zusammentreffen vielfältiger Symptome, insbesondere einer traurigen, gedrückten Stimmung mit häufigem Grübeln, Selbstvorwürfen, Antriebslosigkeit, Schlaflosigkeit, Appetitverlust u. a.

Frustrationstoleranz: Die Fähigkeit, mit Mißerfolgen, Rückschlägen oder Ablehnung umzugehen. Kinder mit einer gering ausgeprägten Frustrationstoleranz sind bei Mißerfolgen sehr schnell entmutigt, reagieren wütend oder traurig oder geben ihre Anstrengungen vorzeitig auf.

Halluzination: Wahrnehmung, die den tatsächlichen Gegebenheiten nicht entspricht, wenn z. B. eine Person glaubt, etwas zu sehen, zu hören oder zu riechen, das real nicht existiert.

Hyperkinese: Die aus dem Griechischen stammende Bezeichnung für Überaktivität. Der Begriff findet sich vor allem in den Bezeichnungen »nicht näher bezeichnete hyperkinetische Störung« und »hyperkinetische Störung des Sozialverhaltens«.

Kombinationsbehandlung: Im Zusammenhang mit Aufmerksamkeitsstörungen bezeichnet der Begriff die gleichzeitige und aufeinander abgestimmte Behandlung eines Kindes mit Medikamenten und psychologischer Therapie.

Kommunikationsfähigkeit: Fähigkeit, sich mit anderen Menschen sowohl sprachlich als auch nichtsprachlich (z. B. durch Augenkontakt, Körperhaltung) angemessen verständigen zu können. Dazu gehört zum Beispiel, Mitteilungen zu verstehen und angemessen zu interpretieren.

Lernstrategien: Vorgehensweisen, die es erleichtern, Lerninhalte aufzunehmen und einzuüben (z. B. Wiederholen der Inhalte, Zusammenfassen von Ähnlichem).

Medikation: Behandlung mit Arzneimitteln.

Methylphenidat: Eine Medikamentengruppe mit anregender Wirkung, die man sehr oft bei der Therapie von aufmerksamkeitsgestörten Kindern einsetzt. Der bekannteste Handelsname ist Ritalin (Firma Noratis Pharma GmbH).

Motivation: Annahmen darüber, welche Ziele und Pläne einen Menschen zu einer bestimmten Handlung veranlassen; häufig auch: Bereitschaft zu intensiven Anstrengungen.

Neurotransmitter: Botenstoffe, die im Gehirn wirksam sind und dafür sorgen, daß Informationen zwischen zwei Nervenzellen übertragen werden.

Phobien: Extrem stark ausgeprägte Angst vor bestimmten Situationen, Dingen oder Tieren, von denen keine wirkliche Gefahr ausgeht. Die Ängste führen in der Regel dazu, daß solche Situationen oder Personen/Dinge gemieden werden.

Placebo: In vielen Fällen wirken sich bereits die Erwartungen, die ein Mensch in eine medikamentöse Behandlung oder eine Diät-Therapie setzt, positiv aus. Um herauszufinden, ob das Medikament oder die Diät tatsächlich hilft, vergleicht man ihre Wirkung mit einer »Scheinbehandlung«; einer Patientengruppe wird ein unschädliches, nicht wirksames Medikament oder eine »Diät« gegeben, deren Bestandteile eher zufällig arrangiert sind. Ein solches Scheinmedikament wird als Placebo bezeichnet. Wenn es denselben Effekt wie das eigentliche Medikament hat, spricht man von einer Placebowirkung.

Provokation: Im Zusammenhang mit Diätstudien bezeichnet der Begriff ein Verfahren, bei dem die als allergieauslösend vermuteten Nahrungsmittel unter kontrollierten Bedingungen (z. B. bei einem Klinikaufenthalt) in den Ernährungsplan eines Patienten aufgenommen werden. Dabei wird z. B. bei aufmerksamkeitsgestörten Kindern überprüft, ob die Verhaltensauffälligkeiten in dieser Phase – etwa im Vergleich zu normaler Ernährung – verstärkt zu beobachten sind.

Reaktionskontrolle: Die Fähigkeit, unangemessene oder unerwünschte Reaktionen zu unterdrücken und statt dessen bewußt und bedacht zu handeln.

Rollenspiel: Ein psychotherapeutisches Verfahren, bei dem mit verteilten Rollen typische Problemsituationen aus dem Leben der Kinder »in Szene« gesetzt werden. Unter Anleitung des Therapeuten erlernen die Kinder angemessenere Lösungsmöglichkeiten. Dabei wird das veränderte Verhalten in wiederholten Spieldurchgängen erprobt und eingeübt.

Sedierend: Dämpfend, beruhigend; der Begriff wird oft benutzt, um die Wirkung eines Medikamentes zu beschreiben.

Selbstinstruktionen: Sprachliche Anweisungen, die man – laut ausgesprochen oder in Gedanken – an sich selbst richtet, um das eigene Handeln besser zu steuern. Im Selbstinstruktionstraining lernen die Kinder, zu handeln und sich dabei selbst Anweisungen zu geben. Sie lernen dieses Vorgehen von einem Vorbild (dem Therapeuten) und verinnerlichen, was er ihnen modellhaft zeigt.

Selbststeuerung: Regulation des eigenen Verhaltens, u. a. mit Hilfe des »inneren Sprechens«; Regeln und Prinzipien, nach denen man vorgeht (z. B. Erst überlegen – dann handeln!) werden dabei in Gedanken formuliert und systematisch befolgt. So ist ein bewußteres, bedachteres Handeln möglich.

Selbstbild: Die Einschätzung, die man von sich selbst hat.

Sozialer Rückzug: Eine Person meidet zunehmend Kontakte mit seinen Mitmenschen, vernachlässigt oder beendet Freundschaften.

Soziale Kompetenzen: Fertigkeiten, die Voraussetzung dafür sind, soziale Kontakte aufzunehmen und langfristig aufrechterhalten zu können, z. B. anderen Menschen Interesse vermitteln, Komplimente wie auch faire Kritik äußern und annehmen, Ärger kontrollieren und bei Konflikten geeignete Lösungsmöglichkeiten suchen.

Stimulantien: Auch Psychostimulantien; Medikamente mit anregender Wirkung. Man unterscheidet sie von Medikamenten mit dämpfender (»sedierender«) Wirkung. Ihre Wirkung beruht darauf, daß sie die Wachheit im Gehirn erhöhen.

Tauschverstärker: Symbole (z. B. Münzen, Klebebilder, aufgezeichnete Sterne), die als Rückmeldung für ein bestimmtes, erwünschtes Verhalten vergeben werden. Diese Symbole können vom Kind gesammelt und später in Belohnungen eingetauscht werden; sie funktionieren also wie Wertmarken.

Token: Englischsprachige Bezeichnung für Tauschverstärker (siehe oben).

Verhaltensorganisation: Komplexere Tätigkeiten (wie Einkaufen oder ein Referat halten) setzen sich aus einzelnen, einfacheren Schritten (etwa in den Kühlschrank schauen, einen Zettel schreiben) zusammen; sie müssen vorher geplant werden – das Verhalten muß »organisiert« werden.

Verhaltenssteuerung: Die Tätigkeiten eines Menschen laufen nicht ohne eine begleitende »Überwachung« und Überprüfung ab; manchmal müssen Pläne auch wieder geändert werden. Diese begleitende »Selbstüberwachung« bezeichnet man als Verhaltenssteuerung.

Aufmerksamkeitsstörungen – Diagnostik und Therapie

Das Trainingsmanual liefert konkrete Handlungsanweisungen für die Diagnostik und Therapie von Aufmerksamkeitsstörungen im Kindesalter.
Das klar strukturierte Interventionskonzept leitet zur detaillierten und sorgfältigen Diagnostik der Störung an und stellt die erforderlichen Vorgehensweisen bzw. Materialien vor. Die Therapie greift die beim Kind diagnostizierten Störungsschwerpunkte gezielt auf. Dabei werden sowohl dem Kind als auch den Eltern spezifische Kompetenzen vermittelt.

Die Intervention gliedert sich in vier Therapiebausteine, die detailliert (mit Arbeits-, Sitzungsmaterialien und Anleitungen zur Sitzungsgestaltung) dargestellt werden:
- Basistraining zum Erwerb spezifischer Fertigkeiten bei der Eigensteuerung;
- Strategietraining zur Entwicklung eines bedachtgeordneten Vorgehens;
- Wissensvermittlung, um die Übertragung der Therapieinhalte auf die Schule zu erleichtern;
- Begleitende Elternanleitung zur Unterstützung des Therapiefortschritts und der Aufarbeitung spezifischer Interaktions- bzw. Erziehungsprobleme.

Gerhard W. Lauth/Peter F. Schlottke
Training mit aufmerksamkeitsgestörten Kindern
4. Auf. 1999. 226 Seiten. Broschiert. Großformat.
ISBN 3-621-27436-7

Psychologie Verlags Union
Postfach 100154, 69441 Weinheim
Telefon: 06201/60070, Telefax: 06201/17464
e-mail: info@beltz.de, http://www. beltz.de